에브리웨어 경제학

일러두기
본문의 일부 내용은 토스피드와 삼성물산 사내 채널에
기고한 글을 수정·보완한 것입니다.

글로벌 시대의 경제 문해력 수업
에브리웨어 경제학

김경곤 지음

북스톤

프롤로그

나의 지극히 개인적인 선택이
세상의 거대한 흐름을 만듭니다

우리가 사는 이 지구가 인구 100명으로 이루어진 마을이라고 생각해봅시다.[1] 그렇게 본다면 마을 사람 중 60명은 아시아에, 18명은 아프리카에, 10명은 유럽에 산다고 할 수 있습니다.[2]

또한 100명 중 10명은 가장 부유한 국가에 살고 있죠. 이들은 높은 부가가치를 창출하는 기술을 보유하고 있어서 상대적으로 적게 일하면서도 마을의 소득 가운데 무려 79퍼센트를 가져갑니다. 반면 개발도상국에 살고 있는 나머지 90명은 주로 농사를 짓고, 건축 현장에서 일하고, 물건을 만들며 마을을 돌아가

게 하는 일을 맡고 있어요. 이 90명이 받아가는 소득이 마을 전체 수입의 21퍼센트를 차지하지요.³

마을의 누군가는 하루에 1달러도 안 되는 소득으로 살아가고, 또 누군가는 손바닥만 한 스마트폰 하나로 다양한 상품을 검색하며 새로운 정보를 탐색합니다. 그리고 마을의 어떤 이는 한 끼 식사를 위해 몇 시간이나 일하지만, 다른 이는 단 몇 번의 스마트폰 터치만으로 집 앞까지 음식을 배달받죠. 이 차이들은 보이지 않는 '경제'라는 거대한 그물망이 정교하게 얽히며 만들어낸 결과입니다.

한편, 이 마을에는 두 명의 거인이 살고 있습니다. 첫 번째 거인은 마을의 돈을 쥐고 있죠. 마을 사람들은 이 사람이 찍어낸 돈으로 주로 거래합니다. 특히 석유는 오직 이 돈으로만 살 수 있죠. 그런데 어느 날부터인가 두 번째 거인의 몸집이 빠르게 커져서 첫 번째 거인은 위협을 느꼈어요. 그래서 두 번째 거인이 더 커지지 못하도록 반도체 기술도 막고 높은 관세를 매겼어요. 그러자 두 번째 거인도 가만히 있지 않고 맞서기 시작했습니다. 두 거인의 다툼은 마을 전체로 번졌고, 마을 주민 모두에게 영향을 미치게 되었지요.

그 사이, 마을에는 키가 쑥쑥 자라는 기술기업들이 생겼습니다. 이들은 전통적인 가게들을 밀어내고, 사람들의 생활 방식을 완전히 바꿔놓았죠. AI와 로봇이라는 새로운 주민도 등장해서 그동안 사람이 해오던 일들을 하나씩 대체하기 시작했습니다. 그러자 자신이 하는 일도 이들에게 빼앗기지 않을까 불안함을 느끼는 사람들이 늘어났죠.

마을 한쪽에서는 더 이상 아이 울음소리가 들리지 않게 되었습니다. 점점 노인이 많아지고, 청년은 줄어들어서 일할 사람이 부족해졌죠. 다른 한쪽에서는 젊은이들이 더 나은 기회를 찾아서 마을 반대편으로 향하기 시작했습니다.

지구가 100명의 마을이라면, 이 모든 변화는 몇몇의 특별한 이야기가 아니라 우리 모두의 현재이자 미래일 겁니다. 이 책은 그 지구라는 마을에서 지금 어떤 일이 벌어지고 있는지 천천히 걸어보는 여정이라고 할 수 있죠. 너무 빠르게 흘러가 놓쳐버렸던 장면들, 그 안에서 눈에 띄지 않게 변화하고 있는 우리의 자리까지 함께 살펴보고 들여다보는 여정 말입니다.

이 책은 '왜 우리가 경제를 알아야 하는가?'라는 질문에서 출발합니다. 이 시대에 경제는 단지 돈을 잘 버는 것을 넘어 세상의 흐름을 읽고 더 나은 선택을 하기 위한 도구이기 때문이

프롤로그

죠. 내 소비가 누군가의 일자리를 만들어내고, 나의 투자 결정이 사회 전체에 파장을 일으키며, 한 국가의 정책이 지구 반대편에 사는 누군가의 삶을 바꿀 수 있는 시대. 그렇기에 우리는 경제를 알아야만 합니다.

경제는 멀리 있는 거대한 시스템이 아닙니다. 오히려 우리가 매일매일 내리는 선택들이 모여 만들어내는 '살아 있는 질서'라고 할 수 있죠. 그런 까닭에 오늘 아침의 뉴스 한 줄이 어떻게 100명이 사는 마을을 흔들고, 그 진동이 또 어떻게 내 통장과 식탁, 일터에 번져오는지 연결해볼 필요가 있습니다.

이 여정은 크게 세 개의 파트로 나뉩니다. 첫 번째 파트에서는 세계 경제가 공급망을 통해 어떻게 서로 연결되어 있는지를 알아봅니다. 달러의 위상 변화와 은행의 구조적인 취약성, 그리고 쌓여가는 정부 부채가 내 지갑에는 어떤 영향을 미치는지도 함께 살펴볼 거예요.

두 번째 파트에서는 점점 거세지는 빅테크 기업들의 영향력 확대, 중국 제조업의 발전과 세계 경제의 관계, 그리고 AI와 로봇이 가져올 노동의 미래를 이야기해볼 거예요. 이를 통해 기술 발전이 어떻게 경제의 흐름을 변화시킬지 조망해볼 수 있을 것입니다.

마지막으로 세 번째 파트에서는 지금 당장 나와는 직접적인 관련이 없다고 생각되는 저출산과 고령화, 노동 이주, 기업의 구조조정이 어떤 식으로 우리의 일상을 파고드는지 보여드릴 거예요. 그리고 그 과정에서 경제지표가 왜 우리 삶과 괴리되어 있다고 느끼는지도 이야기해볼게요. 마지막은 위대한 경제학자들의 시선으로 지금 우리가 사는 세상을 바라보며 마무리 지으려고 합니다.

이 여정을 마칠 무렵이면 멀게만 느껴졌던 경제 뉴스 속 이야기들이 어느새 나의 일상과 긴밀하게 이어져 있다는 걸 느끼게 될 거예요. 그럼 이제 지구라는 마을을 천천히 걸어보는 여행을 함께 떠나볼까요?

프롤로그

차례

프롤로그 | 나의 지극히 개인적인 선택이 세상의 거대한 흐름을 만듭니다 5

경제 뉴스 속 이야기는
어떻게 나의 일상을 파고들까?

전쟁은 우크라이나에서 났는데 왜 우리나라 빵 값이 오를까? 15
우리 삶을 조용히 흔들고 있는 돈, 달러 28
눈 떠보니 파산? 은행에 맡긴 내 돈은 정말 안전할까? 45
'남의 나라' 부채에 우리가 계속 신경을 써야 하는 이유 66

기술이 돈이 되는 시대,
나의 일과 삶은 어떻게 달라질까?

빅테크 기업은 정말 세상을 바꿀 수 있을까? 91
'싸게 잘' 만들기 시작한 중국, 세계를 뒤흔들다 108
활용하거나 대체되거나, AI 시대 내 일의 미래는? 124

3장
더 늙고 더 다양해진 일터, 인구 변화가 가져올 새로운 세계

현재 진행형 인구 소멸, 일할 사람들이 사라진다! 145
왜 글로벌 사우스의 젊은이들은 고향을 떠날까? 163
다른 회사의 구조조정, 나에게 어떤 영향을 미칠까? 184
경제지표는 좋아졌다는데, 왜 내 삶은 더 팍팍하기만 할까? 200
현재를 사는 우리에게, 경제학의 거인들이 던지는 질문들 222

에필로그 | '경제의 눈'이 트이면 새로운 세상이 펼쳐집니다 248
주 | 252

자유무역협정	글로벌 공급망	리쇼어링
인플레이션	기축통화
뱅크런	글로벌 금융위기	국채

1장

경제 뉴스 속 이야기는 어떻게 나의 일상을 파고들까?

전쟁은 우크라이나에서 났는데 왜 우리나라 빵 값이 오를까?

아침에 눈을 뜨자마자 우리가 가장 먼저 손에 집는 물건은 무엇일까요? 네, 바로 스마트폰이죠. 알람을 끄고, 카톡을 확인하고, 날씨를 보고, 뉴스를 훑어보며 우리의 하루는 시작됩니다. 그리고 잠들 때까지 우리 손에서 잠시도 떠나지 않습니다. 버스 안에서도, 카페에서도, 심지어 화장실에서도 말이에요. 유튜브, 넷플릭스, 배달 주문, 길 찾기, 송금, 택시 호출까지. 이젠 이 작은 기계 하나로 못할 일이 없어요. 일상에서 스마트폰이 없는 상황은 상상조차 어렵죠.

그리고 한 가지 더. 이 스마트폰 덕분에 우리는 지구 반대편 사람들의 삶까지 들여다볼 수 있게 됐습니다. 축제부터 전쟁, 시위, 폭염, 밈meme까지, 전 세계에서 벌어지는 다양한 일들도 이제는 손가락만 몇 번 움직이면 실시간으로 다 알 수 있죠. 스마트폰을 쓰는 사람들이 많아질수록 세상은 더 빠르게 그리고 더 촘촘하게 연결되고 있습니다. 마치 거대한 거미줄처럼요.

그런데 이건 단지 화면 속 얘기만이 아니에요. 스마트폰이라는 '기계' 자체도 세계화를 상징하는 물건이거든요. 우리가 손에 들고 있는 이 작은 기계, 그 안에 얼마나 많은 나라가 얽혀 있는지 아시나요?

'Made in the World'의 탄생

예를 들어, 삼성 갤럭시를 한번 볼까요? 〈도표 1-1〉에서 볼 수 있듯이 갤럭시는 한국에서 설계되지만 부품은 한국·일본·미국·중국에서 만들고, 조립은 베트남이나 인도 등에서 한답니다. 아이폰도 비슷해요. 설계는 미국, 부품은 한국·일본·대만·중국, 조립은 주로 중국에서 이루어지죠.

〈도표 1-1〉 삼성 갤럭시와 애플 아이폰의 글로벌 공급망 위치

	삼성 갤럭시	애플 아이폰
연구개발(R&D), 설계, 소싱	대한민국	미국
개발 및 엔지니어링	대한민국	미국, 대만
핵심 부품 제조	대한민국, 일본, 미국, 중국	대한민국, 미국, 일본, 대만, 중국
생산/최종 조립	대한민국, 베트남, 중국, 인도, 브라질, 인도네시아	중국, 인도(2017년 기준)

자료: World Intellectual Property Organization. (2017). World intellectual property report 2017: Intangible capital in global value chains (WIPO Publication No. 944E). Geneva: WIPO. 99.

    스마트폰 한 대가 한국을 출발해서 일본, 미국, 중국, 인도, 베트남까지 세계 일주를 마친 다음 내 손에 다시 도착한다고 생각해보세요. 꽤 멋지지 않나요? 이걸 글로벌 공급망global supply chain이라고 불러요.* 쉽게 말해, 하나의 제품을 만들기 위해 여

---

* 이와 유사한 개념으로 글로벌 가치사슬(global value chain)이 있습니다. '가치사슬'은

러 나라가 각자의 역할을 나눠서 수행하는 거죠. 누군가는 설계하고, 누군가는 핵심 부품을 만들고, 누군가는 조립을 맡고, 또 누군가는 포장을 해서 배송까지 책임지죠. 이 모든 과정이 국경을 넘나들며 이뤄지니, 그야말로 '지구 공동작업'인 셈입니다.

과연 이게 스마트폰만의 이야기일까요? 우리가 입는 옷, 타는 자동차, 마시는 커피까지도 대부분 이런 글로벌 공급망을 거쳐 우리 손에 도착한답니다. 지금 입고 있는 티셔츠도 원단은 방글라데시에서, 디자인은 유럽에서, 마감은 베트남에서 이루어졌을 수 있죠.

그러다 보니 이제 'Made in Korea'라는 라벨 하나만으로는 그 제품의 출신을 말하기 어려워졌어요. 국적은 모호하고, 구성은 복잡하고, 생산은 분산되어 있으니까요. 이제는 'Made in the World'가 더 정확한 표현일지도 모르겠네요.[1] 실제로 전 세계 무역 중 약 70퍼센트가 글로벌 공급망을 통해 이루어진다고 합

경영학자인 마이클 포터(Michael Porter)가 발전시킨 개념으로, 기업이 제품이나 서비스를 생산하는 과정에서 자원을 결합해 부가가치를 창출하는 구조를 설명합니다. 글로벌 가치사슬은 이러한 활동이 세계 각지로 분산되는 현상을 뜻하며, 기업들은 비교우위에 따라 전 세계에서 설계·생산·유통 등을 수행하게 됩니다. 글로벌 공급망보다 더 포괄적인 개념이라고 이해하시면 됩니다. (참고: 기획재정부 시사경제용어사전, https://www.moef.go.kr/sisa/dictionary/detail?idx=652)

니다.²

그렇다면, 왜 이렇게까지 공급망이 확대된 걸까요? 간단히 말하면 국경 넘기가 쉬워졌기 때문입니다. 예전에는 나라 간에 물건을 사고파는 게 정말 복잡했어요. 관세는 높고, 통관 절차는 까다롭고, 규제는 제각각이어서 말 그대로 벽과 같았죠.

그런데 세계무역기구World Trade Organization, WTO가 생기면서 여러 나라가 함께 지켜야 할 무역의 기본 규칙이 만들어졌습니다. 그리고 자유무역협정Free Trade Agreement, FTA이 널리 퍼지면서 나라와 나라 사이에서 물건을 사고팔 때 붙는 세금을 없애거나 줄이고, 복잡하던 절차도 훨씬 간단해졌고요.

그리고 또 하나! 운송 비용이 더 저렴해졌고, 물류 시스템은 더 똑똑해졌답니다. 덕분에 '여기서 만든 다음, 저기서 조립하고, 거기서 팔자'는 전략이 보편화되었지요. 게다가 삼성이나 애플 같은 다국적 기업들도 큰 역할을 했고요. 글로벌 기업들은 효율성과 비용 절감을 위해 부품은 A국, 조립은 B국, 판매는 C국에 맡기며 글로벌 공급망을 키워온 거예요. 그러니까 우리 손에 있는 스마트폰은 단순한 전자기기가 아니라, '세계가 얼마나 촘촘하게 연결돼 있는지'를 보여주는 상징인 셈입니다.

글로벌 공급망의 위기

글로벌 공급망은 잘 짜인 퍼즐과 같답니다. 그동안 세계는 자기 역할을 착실히 해내는 나라들 덕분에 제시간에 물건을 생산하고, 배달하고, 판매했습니다. 그런데 이 퍼즐이 갑자기 뒤엉켜버리는 일이 벌어졌어요. 바로 코로나19 팬데믹과 우크라이나 전쟁이었습니다.[3]

먼저 팬데믹 이야기부터 해보죠. 처음에는 "감기랑 비슷하대"라고 말했던 그 바이러스가 전 세계 공장들의 문을 닫게 만들고, 물류를 마비시켰습니다. 각국 정부는 마스크 하나도 서로 못 주겠다고 수출을 막았죠. 갑자기 마스크, 인공호흡기, 손 소독제가 부족해지자 "왜 미리 안 만들어놨냐"는 말이 나오기 시작했습니다. 글로벌 공급망이 본격적으로 흔들린 순간이었죠.

그리고 얼마 지나지 않아 러시아-우크라이나 전쟁이 터졌어요. 러시아는 세계 최대 에너지 수출국 중 하나입니다. 그런 러시아가 전쟁과 제재로 석유와 가스 공급을 확 줄이자 난방비, 전기요금, 기름값이 훅훅 올라가기 시작했습니다. 누군가는 이렇게 생각할 수도 있어요. '에이, 그래도 그건 유럽 얘기 아냐?'라고요. 하지만 사실은 그렇지가 않습니다.

공급망이 흔들리면 우리 일상도 곧장 흔들리게 됩니다. 예를 들어 반도체는 자동차에도 꼭 들어가는 핵심 부품인데, 팬데믹으로 생산이 멈추자 차를 만들 수 없게 되지 않았겠어요? 차가 안 만들어지니까 신차는 예약 대기가 몇 달씩 밀렸고, 중고차 가격도 엄청나게 올랐어요. 실제로 2021년 미국에서는 중고차 가격이 30퍼센트 넘게 뛰기도 했죠.[4] 차만 늦게 받는 정도가 아니라 더 비싼 값을 주고 사야 했던 겁니다.

우리의 밥상 물가도 영향을 받았어요. 우크라이나는 많은 나라에 밀과 옥수수를 공급하는 중요한 국가입니다. 그런데 전쟁 때문에 수출길이 막히자 밀가루 가격이 훌쩍 뛰면서 그 영향으로 빵 가격이 상승했어요.[5] 우리 집 장바구니 물가가 올라갔던 이유가 바로 수천 킬로미터 떨어진 곳의 전쟁 때문이었던 거죠.

이제 좀 실감이 나시나요? "멀리서 벌어진 공급망 충격이 내 지갑을 흔든다"는 말이 결코 과장이 아니라는 걸요. 하지만 글로벌 공급망 위기는 단지 물건값이 오르는 데서 끝나지 않습니다. 진짜 골치 아픈 문제는 필요한 물건을 '아예 못 사는' 상황이 발생한다는 거예요.

앞에 나온 표를 다시 보며 한번 생각해봅시다. 스마트폰 하나 만들려면 몇 개의 나라가 움직여야 하는지 말이에요. 반도체는 대만, 디스플레이는 한국, 카메라는 일본, 조립은 베트남…. 만약 이 중 어느 한 곳이라도 빠지면? 네, 생산이 멈출 수 있어요. 갓 출시된 따끈따끈한 신제품 광고는 한창 나오고 있는데 정작 매장에 가면 재고가 없어요. 그러다 보니 예약해도 몇 달씩 기다려야 하는 일이 생기죠.

또한 제품을 만들었다고 해도 끝난 게 아니에요. 열심히 만들었어도 각 나라로 옮겨야 팔 수 있는데, 물류가 막히면 소용이 없어요. 팬데믹 당시 미국 로스앤젤레스 항구에는 컨테이너들이 산처럼 쌓이곤 했었어요.[6] 들어오는 물건은 많은데 하역 인력이 부족했죠. 트럭 운전사는 모자랐고, 배는 정박만 하고 있었고요. 결국 아무리 잘 만든 제품도 매장에 진열되기까지 몇 주, 몇 달이 걸리게 된 거예요.

그래서 기업들이 "야, 이거 그냥 우리나라에서 만들자"라고 얘기를 하며 꺼내든 대안이 바로 '리쇼어링 reshoring'입니다. 해외로 내보냈던 공장을 자국으로 다시 불러들이는 거죠. 미국과 유럽의 몇몇 기업들은 실제로 이를 실행에 옮기기도 했고요.[7]

물론 여기엔 대가가 따른답니다. 리쇼어링으로 새로운 공급망을 만드는 데 드는 물류비, 인건비, 설비투자 등이 모두 다 돈이거든요. 결국 이 모든 추가 비용은 소비자 가격에 고스란히

반영됩니다. 다시 말해, 우리가 같은 물건을 더 비싸게 사야 한다는 뜻이죠.[8]

공급망이 바꾸는 노동시장

그뿐만이 아니에요. 공급망은 우리의 일자리도 바꾼답니다. 자동차 공장을 떠올려볼까요? 반도체가 부족해서 생산라인이 멈추면 계약직, 임시직부터 타격을 받아요. 팬데믹 당시 실제로 이런 일이 여기저기서 일어났죠.[9]

반대로 리쇼어링 덕분에 새 일자리가 생기기도 합니다. 공장이 다시 돌아오면 누군가는 거기서 일해야 하잖아요. 트럭 운전사, 창고 관리자 같은 물류 인력도 공급망 교란 덕분에 갑자기 인기 직업이 되기도 합니다. 결국 글로벌 공급망의 변화는 우리가 어떤 물건을 사고, 얼마를 내고, 어디서 일할 것인지까지도 통째로 흔들 수 있는 문제랍니다.

실제로 팬데믹 기간 동안 발생한 글로벌 공급망 교란이 미국 노동시장에 어떤 영향을 미쳤는지 분석한 연구가 있어요.[10] 이 연구에 따르면, 팬데믹이 한창일 때 미국에서 흥미로운 일이 벌어졌답니다. 실업률이 오를 거라던 예상을 깨고, 오하이오나 펜실베이니아 같은 제조업 중심 지역에서는 오히려 고용이 늘어난 거예요.

어떻게 된 걸까요? 이유는 바로 무역 비용에 있었어요. 팬데믹 때문에 해외에서 들여오는 물건값이 크게 뛴 겁니다. 수입품이 비싸지자 차라리 미국에서 만드는 게 낫겠다는 분위기가 생긴 거죠. 그래서 기업들이 국내 생산을 늘리면서 일자리도 함께 늘어났어요.

하지만 이건 어디까지나 제조업에 국한된 이야기입니다. 농업이 주 산업인 옆 동네는 정반대의 상황으로 더 힘들어졌어요. 왜냐고요? 농업은 비료나 농기계 같은 '중간재'에 아주 많이 의존하거든요. 그런데 공급망이 꼬이면서 이런 자재 가격이 치솟았습니다. 매출은 그대로인데 비용이 확 뛰는 상황에서는 제일 먼저 뭘 줄일까요? 네, 맞아요. 인건비죠. 일손을 줄일 수밖에 없었어요.

지구 반대편의 변화가
나의 일상에 미치는 영향

―

이쯤 되면 이런 질문을 하시는 분들이 계실 겁니다.

"공급망 충격은 모든 나라에 다 똑같이 오는 걸까?"

정답은 '아니오'입니다. 쉽게 예상할 수 있는 것처럼, 무역 의존도가 높은 나라일수록 충격이 더 크게 나타납니다. 아일랜드나 키프로스 같은 소규모 개방 경제는 무역 비용이 올라가면 고용이 줄고, 복지가 흔들리면서 나라 전체가 휘청할 수 있어요. 반면 미국이나 중국은 좀 달라요. 시장 자체가 워낙 크고, 자급자족할 수 있는 산업도 많으니까요. 당연히 같은 충격에도 덜 흔들리죠.[11]

그럼 한국은 어떨까요? 2023년 기준으로 보면, 한국의 수출 규모는 GDP 대비 약 44퍼센트 정도 됩니다.[12] 미국은? 고작 11퍼센트예요. 이 수치가 잘 말해주고 있죠. "한국은 공급망이 흔들릴수록 훨씬 더 크게 타격을 받을 수 있다"는 사실을 말입니다.

한국의 제조업은 해외에서 부품이나 원재료를 들여오고, 그걸 국내에서 조립하거나 가공해서 다시 해외로 수출하는 구조예요. 그런데 만약 글로벌 공급망에 문제가 생겨서 중간재나 부품 수입이 어려워지면? 공장 가동이 줄어들고, 일을 쉬어야 할 수도 있어요.

또한 글로벌 수요 자체가 줄어들거나 수출길이 막히면, 국내에서 만든 제품을 팔 곳이 없어지죠. 이럴 때도 제조업 고용은 직접적인 영향을 받게 된답니다. 게다가 요즘 "우리 물건은 우리나라에서 만들자!"는 이야기가 미국에서 자주 들려오고 있는데요, 만약 이 움직임이 본격화되면 한국의 수출길은 더욱 좁아질 수가 있습니다. 수출이 줄어들면 그 여파는 일자리 감소로 이어지게 되겠죠.

결국, 지구 반대편에서 벌어지는 변화 하나하나가 나의 일자리와 소득, 나아가 지갑 사정까지 흔들 수 있다는 얘기예요. '공급망'이나 '리쇼어링' 같은 말이 처음엔 낯설게 들릴지 몰라도 그 속에는 내가 다니는 회사, 내가 사는 물건, 내가 내는 돈 이야기가 고스란히 담겨 있답니다.

앞으로는 뉴스에서 이런 단어들이 나올 때 "이게 나랑 무슨 상관이야?"라고 고개를 돌리지 마세요. 그 뉴스가 곧 내 통장, 내 월급, 내 식탁으로 이어지는 이야기일 수 있으니까요. 경제를 안다는 건, 세상이 나에게 어떤 영향을 주는지 읽어내는 힘을 갖는 일이거든요. 그리고 그 힘은 앞으로 세상을 더 똑똑하게 살아갈 수 있게 도와주는 가장 현실적인 무기가 되어줄 거예요.

우리 삶을 조용히 흔들고 있는 돈, 달러

 얼마 전, 미국 사이트에서 전자책 리더기를 하나 사려고 했어요. 예전에는 배송비 포함해 16만 원쯤이었던 걸로 기억하는데, 이번에는 결제 버튼을 누르기 전에 다시 계산기를 꺼내 들게 되더군요. 환율이 올라서 똑같은 제품을 18만 원 가까이 줘야 하더라고요. 그 일이 있고 며칠 뒤, 미국으로 연수를 준비 중인 친구가 한숨을 쉬며 말했습니다.

 "달러 환율 좀 떨어졌으면 좋겠다…."

 그러곤 저에게 이렇게 물었습니다.

"내가 쓰는 돈은 원화인데, 달러가 오르면 왜 이렇게 힘들어지는 거야?"

곰곰이 생각해보면 우리가 주유소에서 기름을 넣고, 해외여행을 가고, 외국 제품을 살 때마다 달러는 늘 우리 지갑 어딘가에 영향을 미치고 있었습니다. 달러는 그저 '미국의 돈'이 아니라 전 세계가 신뢰하고 거래하는 기준 통화이자 우리가 매일 접하는 물가와 경제 흐름의 중심에 있는 존재였던 거죠.

그렇다면 왜 하필 '달러'일까요? 그리고 앞으로도 달러는 계속 그 힘을 유지할 수 있을까요? 이제 그 질문을 따라가 보죠.

돈의 가치를 정하는 두 축, 인플레이션과 환율

우리가 평소에 쓰는 돈은 사실 그 자체로는 가치가 없는 종이에 불과합니다. 하지만 국가가 '이 종이가 1만 원의 가치를 갖는다'고 보증해주죠. 이처럼 국가 신용이 뒷받침하는 돈을 '명목화폐 fiat money'라고 부른답니다.

예컨대 한국은행이 발행하는 1만 원권은 그 물성만 따지면

섬유로 만든 종잇조각에 불과해요. 하지만 국가가 1만 원의 가치를 보증하기 때문에 우리는 이걸 들고 편의점에 가서 과자를 사고, 미용실에서 머리를 자르고, 카페에서 아메리카노를 주문할 수 있죠.

물론 이 돈의 '실질 가치'는 늘 같지 않아요. 물가가 오르면 1만 원으로 살 수 있는 물건의 양이 줄어들거든요. 즉, 돈의 구매력이 떨어지는 거죠. 이것이 바로 인플레이션이랍니다. 각국의 중앙은행이 물가 안정을 가장 중요한 목표로 삼고 있는 이유가 여기에 있어요. 자신들이 발행한 화폐의 가치를 지키기 위해서인 거죠.

돈의 가치는 외국 화폐와의 비교, 즉 환율을 통해서도 달라집니다. 예를 들어, 원-달러 환율이 1달러=1,000원이라는 상황을 가정해보죠. 이때는 10달러가 1만 원과 같습니다. 그런데 어느 날 환율이 2,000원으로 오른다면? 이제는 5달러만 있어도 1만 원으로 바꿀 수 있어요. 달러를 가진 사람 입장에서는 달러의 원화 가치가 두 배로 오른 반면, 원화를 가진 사람 입장에서는 자기 돈의 가치가 반으로 줄어든 셈이죠. 달러를 가진 사람에겐 기분 좋은 일이겠지만, 원화를 쓰는 우리 입장에선 같은 돈으로 구매할 수 있는 것이 줄어들게 됩니다.

이건 그냥 숫자가 바뀌는 문제가 아니에요. 환율은 우리가 해외에서 물건을 사는 가격, 여행 경비, 기름값, 심지어 내 월급의 체감 가치까지도 바꿔놓을 수 있는 강력한 변수이기 때문입니다. 우리가 일상에서 원화를 쓴다고 해도, 달러의 움직임은 언제나 우리 삶 어딘가를 조용히 흔들고 있는 것이죠.

이런 상상을 한번 해봅시다. 어느 날 복권에 당첨되어 큰 금액을 받게 됐다고 말이죠. 그런데 조건이 하나 있습니다. 전 세계에 있는 수많은 화폐 중 딱 하나를 골라 그걸로 당첨금을 받으라고 합니다. 여러분이라면 어떤 화폐를 고르시겠어요? 아마도 이렇게 생각할 겁니다.

'지금도 믿을 수 있고, 앞으로도 가치가 안정적으로 유지될 만한 돈은 뭐지?'

결국 대부분이 미국 달러를 선택하지 않을까요? 실제로 달러는 세계에서 가장 안전한 자산 가운데 하나로 여겨지고 있어요. 전쟁이 터져도, 금융시장이 흔들려도 사람들은 일단 달러부터 찾는다는 말이 있을 정도죠.

다음의 그래프를 보면 이 사실이 더 분명해집니다. 전 세계 중앙은행이 보유한 외환 자산 중 달러가 차지하는 비중은 여전히 압도적이에요. 1999년에는 거의 70퍼센트에 달했는데,

〈도표 1-2〉 전 세계 외환보유고 비중

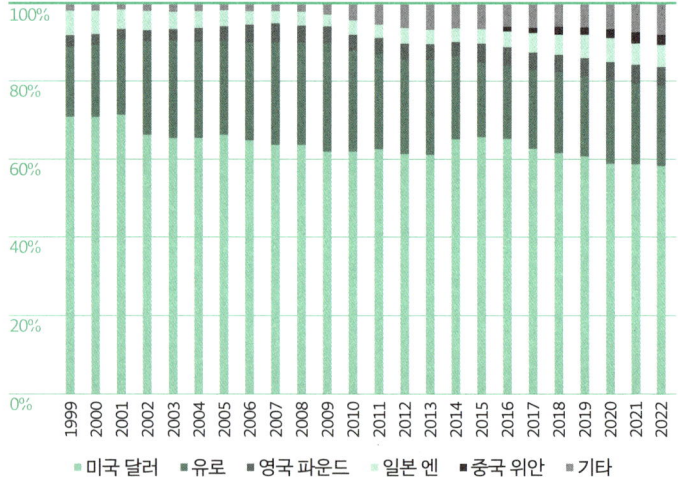

자료: International Monetary Fund. Currency Composition of Official Foreign Exchange Reserves (COFER). (검색일: 2025.2.13.)

2022년엔 58퍼센트로 줄어들긴 했습니다. 그럼에도 유로, 엔, 위안 등과 비교하면 달러는 여전히 독보적인 '글로벌 통화'라 할 수 있습니다.

미국의 달러는 20세기 중반부터 세계 경제의 중심에 자리하며, '기축통화 reserve currency'로서 절대적인 영향력을 행사해왔어요. 국제 무역은 물론 금융 거래와 원자재 결제까지, 달러는 전방위적으로 절대적인 영향력을 행사하고 있는 거죠.[1]

달러는 어떻게 왕좌의 자리에 올랐을까

그럼 이쯤에서 궁금해집니다. 달러는 도대체 언제부터 이렇게 강력한 지위를 갖게 된 걸까요? 사실 20세기 초까지만 해도 지금과는 상황이 좀 달랐어요. 제1차 세계대전이 일어나기 전까지는 대부분의 나라가 '금본위제도'라는 시스템을 따르고 있었거든요. 금본위제도는 화폐의 가치를 금에 묶어두는 방식을 말합니다.

예를 들어, 18세기 초에 영국은 금본위제 아래에서 4.25파운드를 금 1온스의 가치로 고정시켰어요.[2] 그 말은 곧 은행에 지폐를 가져가면 금으로 바꿔준다는 뜻이죠. 즉, 지폐는 진짜 돈이 아니라 금을 대신하는 '교환권' 역할을 한 셈입니다. 지금처럼 종이돈을 아무나 믿던 시대가 아니었거든요. 사람들은 "이게 진짜 돈이 맞아?"라고 많은 의심을 하곤 했어요. 그래서 국가가 이렇게 말해준 거죠. "걱정 마세요. 이 종이, 금으로 바꿔드릴게요." 그렇게 해서 종이돈이 신뢰를 얻기 시작했습니다.*

　이 제도에는 한 가지 큰 장점이 있었어요. 화폐 가치가 안정적이라는 거죠. 국가가 멋대로 돈을 찍어내지 못했거든요. 그런데 동전의 양면처럼 바로 또 그게 문제가 되었습니다. 특히 전쟁처럼 돈이 급하게 많이 필요한 상황에서는 말이죠. 제1차 세계대전이 발발하자 많은 나라가 전쟁 자금을 마련해야 했는데, 금본위제도 아래에선 함부로 돈을 못 찍으니 큰 제약이 생겼어요. 결국 많은 나라들이 이 제도를 포기하게 되었습니다. 그다음 일은 예상하셨겠지만… 각 나라들이 돈을 마구 찍어내기 시작했고, 그 결과 물가가 엄청나게 뛰었어요.

　대표적인 사례가 1920년대 초 독일에서 일어난 초인플레이션 hyperinflation이에요. 전쟁에서 패한 독일은 엄청난 배상금을 내야 했고, 경제는 바닥을 치게 되자 정부는 화폐를 한없이 찍어냈죠. 그 결과는? 빵 하나를 사려면 지폐를 한 바구니 가져가야 했을 정도로 인플레이션이 심해졌습니다. 돈이 너무 많아져

---

*　참고로, '4.25 파운드 = 금 1온스'의 비율을 정한 사람은 위대한 과학자이자 당시 영국의 조폐청장이었던 아이작 뉴턴(Issac Newton)입니다.

서 아이들이 지폐를 장난감처럼 쌓고 놀았다는 얘기도 있을 정도였죠.

제1차 세계대전 전까지만 해도 국제 무역은 영국 파운드를 중심으로 돌아갔어요. 그런데 전쟁을 치르는 동안 영국도 금본위제를 중단했고, 화폐를 대량으로 발행하면서 인플레이션이 발생하게 됩니다. 이렇게 전쟁을 거치며 인플레이션으로 파운드의 가치가 떨어졌음에도 불구하고, 영국은 파운드의 신뢰를 지키겠다는 이유로 1925년에 전쟁 전 환율 수준으로 금본위제를 무리하게 복귀시켰어요. 그렇게 실제 가치보다 '고평가'된 파운드로 인해 영국의 수출 상품들의 가격이 상대적으로 비싸져서, 수출 중심 산업들이 부진을 겪게 되었죠. 또한 고정환율을 유지하는 과정에서 외국 자본의 유출을 막으려고 금리를 올리자 내수 경제가 얼어붙었어요. 결국 영국은 더 이상 이를 버티지 못하고 1931년에 금본위제를 포기하기에 이릅니다.[3]

그렇게 영국의 파운드가 떠나고 비어버린 기축통화의 자리를 미국의 달러가 자연스럽게 채우게 된 거예요.[4] 사실 이미 1920년대 초반, 미국의 경제 규모는 영국을 넘어선 상태였습니다.[5] 그런데다 제1차 세계대전 동안 미국은 전쟁 물자와 무기를 팔아가며 그 대가로 금을 받았어요. 그 결과 전 세계의 금이 미국으로 몰리게 되었죠. 그러니 달러의 부상은 그냥 우연이 아니라 예고된 흐름이었다고 말할 수 있습니다.

그 변화는 1944년, 브레튼우즈 협정 Bretton Woods Agreement 이라는 이름으로 공식화됐어요. 장소는 미국 뉴햄프셔주의 조용한 마을 브레튼우즈. 세계 44개국 대표들이 한자리에 모였죠. 그리고 "앞으로 모든 나라의 돈은 미국 달러를 기준으로 하자"고 합의를 하게 돼요.

그때 미국은 당당하게 말합니다.

"우리는 금 1온스를 35달러로 고정할게요. 필요하면 달러를 금으로 바꿔줄 수도 있어요."

미국이 이렇게 말할 수 있었던 이유는 당시 미국이 지구상에서 금을 가장 많이 가지고 있는 나라였기 때문이었습니다. 그때부터 세계 각국은 금 대신 달러를 쌓기 시작해요. 왜냐하면 필요할 때 미국에 달러를 들고 가면 금으로 바꿔준다고 했으니까요. 이 시스템이 바로 브레튼우즈 체제랍니다.[6] 달러는 이때부터 전 세계에서 유일하게 금과 교환 가능한 화폐, 즉 기축통화의 자리를 확실히 꿰차게 되었어요.

여기서 한 가지 흥미로운 포인트가 있습니다. 각국이 달러를 어떤 식으로 보유했느냐 하는 것이죠. 각 나라들은 그냥 달러

지폐를 금고에 쌓아놓기만 한 게 아니었어요. 주로 미국 국채, 그러니까 미국 정부가 발행한 채권 같은 안전자산을 사서 달러를 보유했지요. 그래야 이자도 받을 수 있으니까요. 말하자면 이자까지 챙길 수 있는 '달러 예금통장'을 통해 달러를 보유한 셈이죠.

달러가 기축통화가 됐다는 말은, 미국이 돈이 필요해서 채권을 발행하면 전 세계가 "어, 나 그거 살게!" 하고 줄을 선다는 것을 의미합니다. 세상이 미국을 믿는다는 신호이기도 했죠.

그런데… 전쟁이 또 문제를 일으켰어요. 베트남 전쟁이 벌어진 거죠. 전쟁 비용이 천문학적으로 늘어나자 미국은 다시 한번 달러를 마구 찍어내기 시작했습니다. 어디서 많이 들어본 이야기죠? 시장에 풀린 달러가 점점 많아지면서 사람들은 불안해지기 시작했습니다.

"잠깐, 우리가 쌓아놓은 이 달러… 혹시 금으로 바꾸려고 할 때 미국이 못 바꿔주는 거 아냐?"

그 불안은 현실이 되었어요. 유럽의 여러 나라들이 미국에게 "자, 달러 줄 테니까 이제 금으로 바꿔줘"라고 요구하기 시작한 거죠. 그런데 문제는, 그 시점에는 이미 미국이 찍어낸 달러가 실제 갖고 있는 금보다 훨씬 많았다는 것입니다. 달러를 다

금으로 바꿔주다간 금고가 텅 비게 생겼어요. 결국 미국은 결단을 내립니다. 1971년, 리처드 닉슨Richard Nixon 대통령이 TV에 나와 이렇게 선언하죠.

"앞으로는 달러를 금으로 바꿔주지 않겠습니다."

달러와 금의 교환을 일시적으로 중단한다는 발표였지만, 이는 금본위제를 사실상 끝내는 계기가 되었습니다. 이때부터 달러의 가치는 더 이상 금에 묶여 있지 않게 되고, 지금 우리가 사용 중인 '변동 환율제', 즉 시장의 수요와 공급에 따라 환율이 오르내리는 시스템으로 전환되었답니다.

그날, 미국에서 금태환 중단 발표가 나온 직후부터 달러 가치는 곧장 하락세로 돌아섰어요. 즉, "더 이상 달러를 금으로 안 바꿔준다"고 선언한 순간, 달러에 대한 사람들의 신뢰가 떨어지게 된 것이죠. 그때 뜻밖의 구원자가 등장해요. 바로… 석유였습니다. 금이 떠난 자리를 어떻게 석유가 대신하게 되었을까요?

1973년, 중동에서 욤키푸르 전쟁(제4차 중동전쟁)이 벌어져요. 이스라엘과 아랍 국가들 사이의 충돌이었는데, 이때 미국과 유럽은 이스라엘 편을 들었죠. 그러자 화가 난 OPECOrganization of the Petroleum Exporting Countries, 즉 석유 수출국 기구가 "그래? 그럼 나 너희한테 석유 안 팔아!" 하며 원유 금수 조치embargo를 내려버려요. 그리고 이 조치는 전 세계를 충격에 빠뜨렸습니다. 특히, 석유 없이는 하루도 못 사는 미국은 초비상이 걸렸죠. 주유소 앞에는 차량들이 길게 늘어섰고, 기름값은 치솟고, 인플레이션은 가속화됐어요. 오일 쇼크의 시작이었죠. 이 위기를 넘기기 위해 미국은 사우디아라비아와 협상 테이블에 앉게 됩니다.

"우리가 너희를 군사적으로 지켜줄게. 첨단 무기도 줄게. 그 대신, 석유는 안정적으로 공급해줘."

사우디는 이 제안을 받아들입니다. 그렇게 두 나라는 손을 잡았고, 미국은 중동에서의 영향력을 키우는 동시에 석유시장을 안정시키는 데 성공했어요.[7] 하지만 미국은 여기서 그치지 않고 한 발 더 나아갑니다.

"하나 더. 석유는 달러로만 거래하자."

이 말에 사우디가 먼저 고개를 끄덕였고, 다른 OPEC 국가들도 이를 자연스럽게 따라가게 됩니다. 그 결과 어떤 일이 벌어졌을까요? 전 세계 모든 나라가 석유를 사려면 반드시 달러가 필요해진 거예요. 석유를 한 방울이라도 사려면 먼저 달러부터 챙겨야 하는 거죠.

이렇게 해서 '페트로 달러petrodollar' 체제가 시작됐습니다. 이제 달러는 금 대신 석유라는 새로운 기반 위에서 다시 한번 세계 통화의 왕좌에 오르게 된 거예요. 달러는 석유라는 생명줄을 움켜쥔 화폐이자 세계 경제의 심장박동을 쥐고 있는 존재가 된 거죠.

'킹달러'에 도전하는 위안화, 현실은?

하지만 요즘 들어 달러가 독점해오던 원유 거래에도 작은 금이 가기 시작했습니다. 중국의 위안화가 원유 거래에 일부 사용된 건데요. 이른바 '페트로 위안petroyuan'의 등장입니다.[8] 그러자 이런 이야기들이 나오기 시작했어요.

"혹시 달러 시대가 저무는 건가?"

"기축통화의 바통이 위안화로 넘어가는 거 아냐?"

그런데 말이죠. 현실은 그렇게 간단하지가 않아요. 위안화가 달러를 대체하려면 아직도 넘어야 할 산이 아주 많거든요. 예를 하나 들어볼게요. 어떤 산유국이 중국에 석유를 팔고 위안화로 대금을 받았다고 가정해보죠. 자, 이제 그 위안화를 어디서 어떻게 쓸 수 있을까요? 달러는 전 세계 어디서든 통합니다. 게다가 미국 국채 같은 안정적인 자산에 언제든 투자할 수 있죠.

하지만 위안화는 쓰임새가 제한적이고, 국제 결제망도 아직은 좁아요. 환율 리스크도 크고요.[9]

그래서일까요? 국제 통화시장에서 실제로 쓰이는 비율을 보면 달러가 66퍼센트, 위안화는 2.5퍼센트에 불과합니다. 유로, 엔, 파운드보다도 훨씬 뒤처져 있죠.[10] 이 수치는 냉정한 현실을 보여줘요. 아직까지는 달러가 세계 통화의 왕좌를 굳건히 지키고 있다는 점을 말입니다.

지금은 여전히 미국이 세계 질서의 중심에 있어요. 이른바 '팍스 아메리카나 Pax Americana'가 작동하고 있는 한, 달러의 기축통화 지위는 쉽게 흔들리지 않을 거예요.

그렇다고 달러의 영향력이 앞으로도 영원할까요? 그럴 리 없죠. 예전에 파운드가 그 자리를 내줬던 것처럼 달러도 언젠가는 내려올 가능성이 있습니다.

과거의 사례들에서 비추어보면 앞으로 달러의 지위를 흔들게 될 가장 유력한 변수는 전쟁이에요. 만약 미국이 큰 전쟁에 휘말리게 된다면 어떨까요? 막대한 전쟁 비용을 조달해야 하니까 당연히 돈을 많이 찍어내야겠죠. 그 순간부터 시장은 불안해지기 시작할 겁니다. 달러의 신뢰가 흔들리는 건, 사실 그리 복잡한 일이 아니에요. 전쟁은 총알과 미사일만 날아다니는 일이 아니거든요. 화폐의 힘, 국가의 신용까지 함께 타격을 받게 돼요. 특히 (어디까지나 가정이지만) 핵을 보유하고 있는 양대 강국인 미국과 중국 사이에 무력 충돌이 발생한다면 전대미문의 변화가 발생할 수 있어요. 이를테면 다음과 같은 시나리오들을 생각해볼 수 있죠.

- 남중국해에서의 영유권 분쟁
- 중국의 대만 침공
- 중국의 대만 봉쇄

첫 번째 시나리오는 남중국해에서 중국과 필리핀이 충돌하는 상황이에요. 이런 경우 미국과 필리핀 사이의 상호방위조약으로 인해 미국이 개입해야 하죠. 두 번째 시나리오는 대만과의 통일을 지속적으로 주장해온 중국이 대만을 무력으로 점령하기 위해 중국군을 대만에 상륙시키는 상황입니다. 세 번째 시나리오는 중국이 잠수함 등을 동원하여 대만으로 드나드는 모든 상선을 위협하는 거예요. 경제적 압박과 봉쇄를 통해 대만을 고립시키는 거죠.[11]

물론 이 모든 시나리오의 실현 가능성은 아직 낮다고 보는 시각이 훨씬 많아요. 실제로 중국 입장에서 미국과의 무력 충돌은 너무나 큰 도박이기도 하고요. 경제적으로도 타격이 크고, 군사적 충돌이 어디까지 번질지 아무도 모르니까요. 그렇다고 해서 이런 시나리오들이 절대 일어날 리 없다고 단정할 수는 없어요. 전쟁이 비현실적으로 느껴지는 이유는, 어쩌면 우리가 전쟁을 겪어보지 않았기 때문일지도 모릅니다.

예를 들어, 1929년 대공황과 제2차 세계대전을 겪은 세대는 이후의 경제 호황을 전혀 예상하지 못했어요. 반대로, 경제 위기나 전쟁을 직접 경험해보지 못한 세대는 '그런 일이 설마 일어나겠어?'라고 생각하곤 하죠. 그러나 역사를 돌이켜보면 늘 세계 어딘가에서는 전쟁이 발생했고, 경제 위기가 들이닥쳤습니다. 영원할 것 같던 제국들도 모두 결국에는 무너졌죠.[12]

미래는 누구도 정확히 예측할 수 없어요. 하지만 분명한 사실이 하나 있죠. 바로 "세상에 절대적인 가치는 없고, 돈조차도 예외가 아니라는 것"입니다.

기축통화인 달러도 언제든 그 위상이 흔들릴 수 있고, 지금 내 통장에 찍힌 숫자의 무게도 언제든 변할 수 있어요. 이런 이유로 우리는 "내 돈의 진짜 가치는 어디에서 오는가?"에 대해 계속해서 질문해야 합니다. 지금 내 지갑 속에 있는 돈, 그 작고 익숙한 종잇조각 뒤에 세계 질서의 흐름, 국가의 권력, 전쟁과 평화, 사람들의 신뢰가 서로 복잡하게 얽혀 있거든요. 결국 돈을 안다는 건, 세상이 어떻게 움직이는지를 읽어내는 또 하나의 '언어'를 익히는 일이라 할 수 있습니다.

눈 떠보니 파산? 은행에 맡긴 내 돈은 정말 안전할까?

"나 새마을금고 계좌에 돈 있는데, 이거 지금 빼야 되는 거야…?"

2023년 여름, 여러 단체 카톡방에 이런 메시지가 올라왔던 거 기억하시나요? 당시 뉴스에서는 새마을금고의 부동산 대출 부실과 연쇄적인 예금 인출 사태, 이른바 '뱅크런bank run' 우려를 연일 보도했습니다. 일부 지점에선 실제로 고객들이 길게 줄을 서서 예금을 찾으려 했고, 고객들의 불안감을 해소해주기 위해 도심의 대형 전광판에는 새마을금고의 예적금은 안전하게 보호된다는 안내 문구가 내걸리기도 했죠.

"예금자보호가 된다고는 하지만, 금고 하나가 무너지면 다른 데도 같이 무너지는 거 아냐?"

그동안 우리는 은행이나 금융기관에 돈을 맡기고는 크게 걱정하지 않았어요. 계좌로 월급이 들어오고, 이자가 붙고, 필요할 때 이체도 잘 되니까요. 하지만 새마을금고 사태처럼 신뢰가 흔들리는 순간, 비로소 깨닫게 되죠.

"은행에 예금한 내 돈은 지금 어디에 있는 거지?"

은행 시스템은 눈에 보이지 않지만, 우리의 일상에 매우 깊숙이 연결되어 있습니다. 그런데 정작 우리는 은행이 어떤 방식으로 돈을 운용하고, 왜 위기에 빠지는지, 또 왜 어떤 때는 예금을 인출하려는 사람들로 문전성시를 이루는지 잘 모르죠.

이번 장에서는 늘 당연하게 여기던 은행과 금융 시스템이 실제로는 얼마나 불안정한 구조 위에 놓여 있는지를 살펴보도록 하겠습니다.

뱅크런과 은행 시스템의 불안정성

오늘날 자본주의 경제 시스템은 기본적으로 두 개의 축으로 돌아갑니다. 하나는 눈에 보이고 손에 잡히는 실물 경제real economy, 다른 하나는 돈과 숫자로 구성된 금융 경제financial economy입니다.

실물 경제는 우리가 매일 겪는 일상의 움직임들을 말해요. 누군가는 물건을 만들고, 누군가는 그것을 팔고, 우리는 그걸 사죠. 공장에서 돌아가는 기계 소리, 마트 계산대 위에 올려진 수많은 물품들, 편의점 냉장고에 진열된 생수… 이런 것들이 바로 실물 경제랍니다.

하지만 실물 경제만으로는 세상이 굴러가기 어려워요. 그래서 여기에 '금융'이라는 또 하나의 축이 붙습니다. 주식, 채권, 대출, 외환 등 단어는 복잡해 보이지만 결국은 '돈의 흐름'을 다루는 세계입니다. 돈이 어디서 어떻게 생기고, 어떻게 흘러가느냐를 결정하는 시스템이죠.

이걸 사람에 비유하면 실물 경제는 사람의 몸, 금융 경제는 심장, 돈은 피라고 할 수 있어요. 심장이 펌프질을 해서 피를 온몸으로 보내야 우리가 건강하게 움직일 수 있듯, 금융을 통해 돈이라는 피를 실물 경제 곳곳으로 흘려줘야 세상이 돌아가요. 심장이 멈추면 몸이 위험해지듯, 금융 부문이 제대로 작동하지 않으면 경제도 위기에 빠지게 됩니다. 그리고 그 심장의 펌프 역할을 하는 곳이 바로 은행이에요. 은행은 사람들의 예금을 모아 기업에 빌려주죠. 그리고 그 돈으로 새로운 상품이 만들어지고, 고용이 생기고, 소비가 일어납니다.

문제는 이 심장이 생각보다 튼튼하지 않다는 데 있어요. 겉으론 견고해 보여도, 사실 은행 시스템은 구조적으로 취약하거든요. 조금만 불안이 번지면, 우리가 그토록 당연하게 생각했던 "은행은 안전하다"는 믿음이 한순간에 무너질 수도 있어요. 새마을금고 사태가 바로 그 예였죠.

은행에 대해 본격적으로 이야기하기에 앞서, 먼저 통화량이라는 개념부터 짚고 넘어가 볼게요. 여러분은 '통화'라는 말을 들으면 무엇이 가장 먼저 떠오르시나요? 아마 지갑 속에 들어 있는 지폐나 동전 같은 현금을 떠올리는 분들이 많을 거예요. 그래서 통화량이라고 하면, 흔히들 '시중에 풀린 현금의 총합' 정도로 생각하곤 하죠.

한번 하나씩 따져볼까요? 만약 시중에 현금이 1억 원만 존재한다면 통화량은 1억 원이에요. 단순하죠. 그런데 현실에서는 현금만으로 통화량을 계산하지 않아요. 은행 예금도 중요한 통화의 한 형태로 간주되기 때문이죠. 예금이 통화량에 어떤 영향을 주는지 알아보기 위해 간단한 예를 들어볼게요.

앤디라는 친구가 현금으로 1억 원을 들고 있어요. 그리고 그 돈을 A은행에 예금해요. 이제 앤디는 통장을 열어보고 "내 돈 1억 원 잘 있구나" 하고 안심하겠죠. 하지만 A은행은 그 돈을 가만히 금고에 넣어두지 않습니다. 돈을 그냥 놀게 두지 않거든요. 예금 중 일부만 '만약을 대비해서' 남겨두고 나머지는 다른 사람에게 대출해줘요. 10퍼센트만 남기고 90퍼센트에 해당하는 9,000만 원을 벤이라는 사람에게 빌려줬다고 가정해볼게요. 그럼 어떻게 될까요? 앤디는 여전히 "내 통장에 1억 원이 있어"라고 믿고 있는데, 벤은 9,000만 원이라는 현금을 들고 있게 됐어요. 눈에 보이는 돈은 하나지만 장부에는 둘이 동시에 돈을 갖고 있는 셈이 된 거죠. 둘을 합해보니, 통화량은 어느새 1억 원에서 1억 9,000만 원으로 훌쩍 늘어났네요.

자, 이게 끝이 아니에요. 벤이 대출받은 9,000만 원을 B은행에 예금한다고 해보죠. B은행은 다시 10퍼센트, 즉 900만 원만 빼고 8,100만 원을 찰리에게 대출해줍니다.

잠깐 정리해볼까요?

- 앤디: A은행 / 예금 1억 원
- 벤: B은행 / 예금 9,000만 원
- 찰리: B은행 / 대출금 8,100만 원

이제 통화량은? 네, 2억 7,100만 원이에요. 단지 한 번의 예금과 대출에서 출발했을 뿐인데, 계속 늘어나죠.

이 과정을 경제학에서는 신용 창출 credit creation 이라고 부릅니다. 처음엔 현금 1억 원뿐이었는데, 몇 번의 예금과 대출만으로 이 돈이 10배까지도 늘어날 수도 있는 거예요. 은행은 단순히 돈을 보관만 해주는 곳이 아니라 일종의 '돈을 만들어내는 공장'이라고 볼 수도 있죠.

이 돈 만들기에는 한 가지 중요한 룰이 있습니다. 바로 지급준비율 reserve ratio 이라는 건데요, 은행이 예금 중 몇 퍼센트를 반드시 남겨둬야 하는지를 정한 기준이에요.

만약 지급준비율이 10퍼센트에서 5퍼센트로 낮아진다면? 은행은 더 많은 돈을 대출해줄 수 있게 되고, 그만큼 통화량도 더 많이 늘어나요. 반대로 20퍼센트로 올라가면? 은행의 대출 여력이 줄어들면서 돈이 시중에 덜 풀리게 되죠. 그래서 중앙은행은 이 지급준비율을 조절하면서 시장에 돈이 넘치거나 모자라지 않게끔 간접적으로 조절을 한답니다. 다만, 전 세계적으로 통화정책의 방향이 통화량 중심에서 금리 중심으로 전환되면서 지금은 부수적인 수단으로 사용되고 있어요.*

그렇다면 은행은 이 과정에서 어떻게 돈을 벌까요? 예금이자와 대출이자의 차이, 즉 '예대마진'을 통해서랍니다. 예를 들어, 고객들이 예금을 들면 3퍼센트의 이자를 주고, 그 돈으로 대출을 해줄 때는 5퍼센트의 이자를 받는 거죠. 이 차이인 2퍼센트포인트가 바로 은행의 수익이 되는 것입니다.

그런데 이같이 대출을 통해 신용을 창출하는 구조는 본질적인 취약점을 안고 있어요. 혹시 무엇인지 감이 오시나요? 방금 전에 살펴본 것처럼, 은행은 예금받은 돈을 100퍼센트 다 금고에 넣어두지 않습니다. 지급준비율만큼만 남겨두고 나머지는 다른 사람에게 빌려주죠. 예를 들어 그 비율이 10퍼센트라면,

---

*   최근에는 중앙은행이 지급준비율 대신 기준금리, 유동성 규제(유동성커버리지비율, 순안정자금조달비율 등), 자본 규제 등을 통해 은행의 신용창출과 금융 시스템 안정성을 관리하고 있습니다. Board of Governors of the Federal Reserve System. Policy Tools – Reserve Requirements.(검색일: 2025.8.18.) https://www.federalreserve.gov/monetarypolicy/reservereq.htm; Bank of Korea. Monetary Policy Instruments – Reserve Requirements.(검색일: 2025.8.18.) https://www.bok.or.kr/eng/main/contents.do?menuNo=400029

고객이 맡긴 1억 원 가운데 1,000만 원만 손에 쥐고 있어요. 나머지 9,000만 원은 이미 누군가가 집을 사는 데 사용했거나 사업 자금으로 쓰고 있을 거예요.

그래도 평소에는 괜찮아요. 모든 사람이 동시에 은행으로 달려가서 "내 돈 돌려줘요!"라고 말하지 않기 때문이죠. 그런데 "○○ 은행이 위험하대" 같은 얘기가 시장에 돌기 시작하면 사람들 마음속에 공포가 번지게 됩니다. 그럼 '혹시 내 돈 못 찾는 거 아니야?'라고 생각한 사람들이 너도나도 은행으로 몰려가기 시작하죠.

바로 여기서 문제가 터진답니다. 은행은 전체 예금의 일부만 현금으로 가지고 있죠. 나머지는 이미 다른 사람 손에 넘어갔으니까요. 예금자들은 지금 당장 돈을 받길 원하지만, 은행은 줄 수 있는 돈이 부족해요. 왜냐면 빌려준 돈은 대출자들이 몇 달, 몇 년에 걸쳐 천천히 갚게 돼 있으니까요. 이걸 당장 회수할 수도 없고요.

결국 이런 상황이 벌어지면? 은행은 뱅크런이라는 공포의 터널에 들어가게 됩니다. 소문 하나가 진짜 위기를 만들어내고, 위기는 또 더 큰 공포를 낳고… 그렇게 순식간에 시스템이 무너질 수 있어요. 겉보기엔 튼튼해 보이는 은행도 실은 아주 얇은 얼음판 위를 걷고 있는 거예요. 이게 바로 은행 시스템이 가진 구조적인 불안정성이랍니다.

믿음이 무너지면 시스템도 함께 무너진다

2023년 봄, 미국 금융시장을 떠들썩하게 만든 사건이 하나 있었죠. 실리콘밸리 한복판에 자리한 실리콘밸리은행 Silicon Valley Bank(이하 SVB)이 갑자기 파산했어요. SVB는 미국에서 자산 기준 16위 규모의 은행이었어요. 특히 실리콘밸리에 있는 많은 기업이 SVB에 예금을 맡기며 자금을 관리하고 있었기 때문에, 지역 경제와 스타트업 생태계에서는 거의 심장 같은 존재였죠.[1]

팬데믹 시기를 떠올려볼까요? 비대면 서비스와 IT 기기의 수요가 폭증하면서 기술기업엔 투자금이 쏟아졌고, 스타트업들에도 자금이 넘쳐났어요. 이 자금들은 어디로 갔을까요? 네, 기업들은 이 자금들을 SVB의 계좌에 보관했어요. 그리고 SVB는 그 돈을 안전한 자산이라 불리는 국채와 주택담보증권 mortgage-backed securities(이하 MBS)에 투자했고요.[2] 만기까지 들고 있으면 원금을 받을 수 있는, 비교적 리스크가 낮은 자산들이었습니다.

그런데 2022년부터 분위기가 급반전해요. 미국 연방준비제도Federal Reserve System(이하 연준)가 치솟는 물가를 잡기 위해 기준금리를 급격히 올리기 시작한 거죠. 참고로, 채권의 가격과 금리는 서로 반대로 움직이기 때문에 금리가 상승하면 채권 가격은 하락해요.* 연준의 급격한 금리 인상으로 인해 SVB가 잔뜩 안고 있던 국채와 주택담보증권의 시장 가격도 하락했죠. 그럼에도 불구하고, 이때까지만 해도 상황은 그리 심각해 보이지 않았습니다.

"그래도 괜찮아, 만기까지 들고 있으면 되니까."

네, 맞아요. SVB도 그런 입장이었고, 실제로 회계상 손실을 보지 않도록 이를 만기보유자산held-to-maturity, HTM으로 분류해 뒀어요.

문제는, 이 채권을 당장 팔아야 하는 상황이 벌어졌다는 거예요. 고금리에 경기까지 위축되기 시작하자 스타트업들은 투자금이 마르면서 당장 '현금'이 필요해졌어요. SVB에 맡겨뒀던

---

* 채권의 가격과 금리가 반대 방향으로 움직이는 원리에 대해서는 저의 전작인 《경제의 질문들》 중 챕터 10 "이자율Ⅱ - 채권의 금리와 가격은 왜 반대 방향으로 움직일까?"를 참고하세요.

예금을 꺼내가기 시작한 거죠. 게다가 벤처캐피털들도 새로운 투자에 인색해지면서 자금줄이 말라가고 있었고요. 그렇게 예금 인출이 늘어나자 SVB는 보유한 현금만으로는 감당이 안 됐고, 결국 채권을 팔아야 했어요. 그런데 이미 시장금리가 올라 채권 가격은 바닥을 치고 있었기에 SVB는 울며 겨자 먹기로 손해를 감수하며 채권을 매각합니다. 그렇게 2023년 3월, SVB는 "우리가 보유한 채권을 처분했고, 그 과정에서 17억 달러 정도의 손실을 봤습니다"라고 발표했어요.

그리고 그 발표는 마치 바짝 마른 숲에 불씨를 던진 것과 같았어요.

"이러다 내 돈 못 찾는 거 아냐?"

불안감을 느낀 고객들은 돈을 빼기 시작했고, 하루 만에 무려 420억 달러가 인출됐어요. 은행 역사상 유례없는 대규모 뱅크런이었죠. 이틀 뒤, SVB는 파산을 선언하게 됩니다.[3]

여기서 얻을 수 있는 중요한 교훈은 무엇일까요? 은행은 겉으론 멀쩡해 보여도 내부에선 언제든 균형이 깨지기 쉬운 구조를 가지고 있다는 것입니다. 예금은 언제든 인출 가능하지만, 대출은 장기에 걸쳐 이루어지기 때문이죠. 그래서 고객들이 '한꺼번에' 움직이면 아무리 큰 은행도 버틸 수가 없어요. 믿음이 무너지면 시스템도 함께 무너진다는 걸 SVB는 여실히 보여주었답니다.

"은행이 망하면 내 돈은 어떻게 되는 거지?"

SVB 사태 이후 많은 사람들이 이런 질문을 던졌죠. 그리고 이 질문에 대한 답이 바로 예금자보호제도 deposit insurance system 예요. 간단히 말해, "은행이 망하더라도 여러분의 예금을 일정 한도까지는 안전하게 지켜드릴게요."라고 보증하는 제도죠.

예금자보호가 중요한 이유는 사람들이 불안에 빠지면 돈부터 먼저 찾으려고 하기 때문이에요. '혹시 내 예금 날아가는 거 아니야?'라는 생각이 들면, 은행 창구에 길게 줄을 서는 건 순식간이거든요. 그런 뱅크런을 막기 위한 최소한의 안전망이 이 제도랍니다.

한국에서는 예금보험공사가 은행의 예금을 보호하는 역할을 맡고 있어요.* 각 은행에서 보험료를 걷어 예금보험기금을 만들고, 문제가 생긴 은행의 예금자들에게 그 기금으로 보상해주는 구조죠.[4] 다만, 예금 전부를 다 보호해주는 건 아니에요. 나

---

*   예금보험공사가 보호하는 금융회사로는 은행, 저축은행, 보험, 금융투자업권 등이 있어요. 반면 신협, 농협, 수협, 산림조합, 새마을금고 등과 같은 상호금융의 예금은 각 중앙회가 보호하고 있습니다.

라별로 정해진 보호한도가 있죠. 미국의 경우 이 한도가 25만 달러인데, 은행에 맡긴 돈이 수백만 달러를 넘는 기업들은 이 한도가 턱없이 부족하죠. 실제로 SVB의 고객 대부분은 기술기업이나 스타트업들이라 예금액이 25만 달러를 훌쩍 넘었답니다. 원칙대로라면 이들은 꼼짝없이 손해를 봐야 했겠죠. 하지만 미국 정부는 아주 이례적인 결정을 내려요.

"이번만큼은 예외로, 25만 달러를 넘는 예금도 전액 보장하겠습니다."

왜냐고요? SVB 하나가 무너지는 걸로 끝나지 않고, 공포가 다른 은행으로 번질 가능성이 컸기 때문이죠. 그런 혼돈이 발생하는 걸 막기 위해서 미국은 이런 결정을 내린 거예요.

그렇다면 그 돈들은 도대체 어디서 나왔을까요? SVB의 자산을 팔고, 부족한 금액은 다른 은행들에 특별 부담금special assessment 형태로 걷었어요. 결과적으로 예금자들은 모두 돈을 돌려받았답니다. 하지만 SVB의 주식을 보유한 주주들은 보호 대상이 아니었기 때문에 전액 손실을 피할 수 없었죠. 예금자는 보호하되, 주주의 책임은 남긴다는 점에서 정부도 일종의 선을 그은 셈이에요.

참고로 우리나라의 예금자보호한도는 2001년 이후 줄곧

5,000만 원에 머물러 있었습니다. 20년 넘는 시간 동안 물가는 거의 두 배 가까이 오르고, 자산 규모 또한 그 이상으로 커졌는데 말이죠. 그래서 많은 사람이 돈을 쪼개서 여러 은행에 예금하는 번거로움을 감수하고 있었죠. 이런 불편함을 덜기 위해 2025년 9월부터 예금자보호한도가 1억 원으로 상향되었습니다.[5] 금융 시스템에 대한 신뢰를 높이고, 위기 상황에서 예금자들이 느낄 불안을 조금이나마 줄이기 위한 조치였어요.

"1억도 작아. 그냥 한도를 더 확 올려버리면 되는 거 아냐?"라고 생각하실 수도 있을 것 같은데요. 실제로 많은 사람들이 은행은 언제든 뱅크런 위험에 노출돼 있으니, 예금자보호를 더 두텁게 해야 한다고 주장해요. 당연히 그 말에도 일리는 있어요.

하지만 이게 또 그렇게 간단한 문제가 아닙니다. 예금자보호한도를 크게 올린다는 건 결국 정부가 그만큼 더 많은 책임을 진다는 뜻이거든요. 그러면 당연히 정부 입장에서는 은행들이 돈을 어떻게 굴리고 있는지 더 깊게 들여다 보려고 하겠죠. 은행은 더 많은 감독을 받게 되고, 더 높은 수준의 예금보험료를 내야 하고요. 그 부담은 결국 일반 고객들한테 수수료 인상 같은 형태로 돌아갈 가능성이 크죠.[6] 게다가 "어차피 정부가 보호해주니까 대충 해도 괜찮겠지"라는 도덕적 해이 moral hazard 문제가 발생할 수도 있어요. 은행들이 '보호받는 돈'을 바탕으로 위험한 투자를 벌일 수 있고, 예금자들도 은행이 얼마나 부실한지 따지지도 않고 덜컥 돈을 맡길 수 있죠.

　이런 한계점들 때문에 단순히 보호한도를 올리는 것보단, 애초에 은행이 무너질 가능성 자체를 줄이는 게 더 근본적인 해결책이라 할 수 있어요. 대표적인 예가 바로 신용 리스크credit risk의 관리예요.

신용 리스크 관리 실패가 불러온 글로벌 금융위기

　신용 리스크란 차입자가 대출금을 상환하지 못할 위험을 의미해요. 경기 침체, 금리 상승, 부실 대출의 증가 등으로 대출금을 상환하지 못할 위험이 올라가면 은행에 대한 신뢰도가 하락하고 불안감을 느낀 예금자들의 인출 가능성도 커지게 돼요. 그래서 대출해준 돈이 정말 잘 돌아올 수 있는지, 즉 신용 리스크를 미리 꼼꼼히 따져봐야 하는 거죠.

　신용 리스크 관리에 실패해서 벌어진 대표적인 사건이 바로 2008년 글로벌 금융위기였어요. 당시 미국에서는 신용등급이 낮은 사람들, 즉 서브프라임subprime 계층에게도 집을 사라고 무분별하게 대출을 내줬어요. 왜 그랬을까요? 당시에는 모두가 집값이 계속 오를 거라고 믿었기 때문이죠.

당시 미국 은행들은 서브프라임 대출을 보유하는 데 그치지 않고 그 대출들을 한데 모아 예쁘게 포장해서 'MBS'라는 금융상품으로 만들고, 또 그걸 더 복잡하게 조합해 고수익 상품인 '부채담보부증권collateralized debt obligation(이하 CDO)'으로 만들어 시장에 팔았죠. "이건 위험이 낮은데도 높은 수익을 주는 상품이야!"라는 말에 CDO는 불티나게 팔려나갔답니다.

하지만 금리가 오르자 대출 상환이 안 되고, 집값이 뚝 떨어지면서 화려하게 포장된 이 상품들의 가치는 바닥을 치기에 이릅니다. 특히 리먼 브라더스Lehman Brothers라는 대형 투자은행이 큰 타격을 받았어요. 리먼 브라더스는 자산의 많은 부분을 MBS나 CDO 같은 부동산 관련 상품에 넣어두고 있었거든요. 부동산시장이 무너지자 리먼 브라더스가 보유하고 있던 이 자산들의 가치가 급락했고, 심각한 유동성 위기로 단기 채무를 감당할 수 없었던 리먼 브라더스는 결국 파산하기에 이릅니다. 자산 규모가 6,000억 달러가 넘었던 이들의 파산은 현재까지도 미국

역사상 가장 큰 규모의 기업 파산으로 기록되어 있답니다.

리먼 브라더스의 파산은 한순간에 전 세계 금융시장을 흔들었어요. 단기 채권의 주요 발행기관이었던 회사가 무너지자 전 세계적으로 돈의 흐름이 막히는 신용 경색 credit crunch이 일어났죠. 또한 투자자들은 어떤 금융기관이 위험한 대출을 많이 떠안고 있는지 알 수 없다는 불안감에, 자금을 회수하기 시작했어요. 게다가 세계 각국의 금융기관들이 이미 미국에서 만들어진 위험한 주택담보증권을 매입한 상황이었기 때문에, 미국의 부동산 위기는 순식간에 세계로 번져 나갔어요.

'글로벌 금융위기'라고 불리는 이 사건은 복잡한 금융상품의 남용, 과도한 빚, 그리고 대형 금융회사의 붕괴가 얼마나 큰 연쇄 효과를 불러올 수 있는지를 보여준 대표적인 사례로 남아 있습니다.[7]

결국 예금자보호도 중요하지만 그전에 은행이 책임 있게 대출을 운용하고, 정부는 그 과정을 잘 감시하는 시스템이 필요하다고 할 수 있습니다. 진짜 '안전한 금융'은 결국 신뢰에서 시작되니까요.

2008년 글로벌 금융위기는 많은 것을 바꿔놓았습니다. 그 중 하나가 바로 "이제 은행을 그냥 믿고 방치해선 안 되겠다"는 공감대였죠. 그래서 세계 각국은 하나의 약속을 만들기로 합니다. 이름하여 '바젤Basel Ⅲ'라는 규제였어요. 스위스 바젤에 있는 국제결제은행Bank for International Settlement, BIS 산하의 바젤위원회 Basel Committee on Banking Supervision가 만든 글로벌 은행 규제 기준인데요, 'Ⅲ'가 붙은 건 말 그대로 세 번째 버전이기 때문이에요. 이전의 바젤 I, II가 미처 막지 못한 금융위기의 허점을 메우기 위해 만들어진 '강화된 규칙'인 셈이죠. 위원회는 바젤 Ⅲ를 통해 이제부터는 은행도 단단하게 대비하라는 메시지를 보냈어요. 예를 들면 이런 식이죠.

- "혹시라도 위기가 오면 어떻게 할 건데?"
  → 은행들에게 자기자본을 더 많이 쌓아두라고 요구해요.
- "빚내서 자산 키우는 거 위험하지 않아?"
  → 레버리지 비율을 설정해서 빚을 과하게 지지 못하게 해요.
- "장기 대출해놓고, 단기 자금으로 버티는 거 위험하지 않아?"
  → 장기 대출이나 투자를 할 때는 그에 상응하는 안정적인 장기 자금으로 조달하도록 했어요.

이런 조치들은 은행이 스스로 흔들리지 않도록 기초 체력을 키우고, 설사 무너지더라도 다른 은행들까지 줄줄이 쓰러지는 도미노 효과를 막기 위한 안전장치였어요.[8] 바젤 III 덕분에 예전보다는 훨씬 튼튼한 은행들이 많아지게 됐죠. 여기서 중요한 질문 하나 나갑니다.

"그럼, 이제 안심해도 되는 걸까요?"

사실 그렇지는 않아요. 은행 시스템이 근본적으로 안고 있는 불안정성은 여전히 남아 있으니까요. 왜냐하면 지금까지 살펴본 것처럼 예금의 일부만 현금으로 갖고 있고 나머지는 다 대출해주는 은행의 구조 자체는 바뀌지 않았기 때문이에요. 만약 대출이 부실해지거나, 자산 가격이 떨어지거나, 갑작스러운 뱅크런이 일어나면? 네, 은행은 언제든 속수무책이 될 수 있어요.

다시 말해, 우리가 사용하고 있는 금융 시스템은 매일 문제 없이 작동하고 있지만 동시에 매일 위기에 노출되고 있는 것이랍니다. 이러한 위험에 공포를 느낄 필요는 없지만, 그래도 "금융위기는 한낱 과거의 일이 아니라 언제든 반복될 수 있다"는 인식을 갖고 있을 필요는 있습니다.

제도는 안전망을 제공하지만 그 안전망을 제대로 활용하고, 또 필요할 땐 한 발 앞서 움직이는 것은 결국 우리의 몫이라는 점을 기억해야 합니다. 그리고 그 첫걸음은 예금을 맡기기 전

〈그림 1-1〉 파인이 제공하는 금융회사 핵심 경영지표 예시

구분	기초 재무정보				주요 경영지표			
	총자산	총부채	자기자본	당기순이익	BIS비율	고정이하 여신비율	ROA	NIM
경남은행	52,234,924	48,638,339	3,596,585	32,185	14.71	0.82	0.60	1.83
광주은행	31,426,441	29,136,890	2,289,551	51,619	14.82	0.79	0.93	2.53
국민은행	549,392,960	512,699,547	36,693,413	898,613	17.56	0.40	0.58	1.76
농협은행주식회사	427,034,157	402,590,927	24,443,230	450,409	17.96	0.56	0.43	1.75
부산은행	78,707,906	72,895,487	5,812,419	52,654	15.68	1.10	0.53	1.84

주: 해당 화면은 메인 메뉴 → 금융회사 정보 → 금융회사 핵심 경영지표 순으로 들어가면 확인할 수 있음.

자료: 금융소비자 정보포털 파인(검색일: 2025.8.13.)

에 금융회사의 건전성을 확인하는 습관을 갖는 거예요. 예를 들어, 금융감독원에서 운영하는 금융소비자 정보포털인 파인FINE에 들어가면 손쉽게 다양한 건전성 지표들을 조회해볼 수 있어요.* 여기서 특히 눈여겨볼 지표로는 BIS 자기자본비율과 고정

---

* 파인의 인터넷 주소는 다음과 같습니다. https://fine.fss.or.kr/

이하여신비율이 있어요.⁹ BIS 자기자본비율은 은행이 예상하지 못한 손실을 감당할 수 있는 자본의 비율을 말하는데요. 이 비율이 높을수록 위기 대응 능력이 크다는 뜻이에요. 고정이하여신비율은 3개월 이상 연체된 부실채권이 자산에서 차지하는 비율을 말해요. 이 비율이 낮을수록 건전하다는 신호랍니다. 이러한 지표들을 통해 '충격을 버틸 체력'과 '부실 위험'이 얼마나 되는지를 알 수 있죠.

감이나 분위기에 휩쓸리지 않고, 이런 숫자를 확인하는 습관이야말로 위기 속에서 나와 내 돈을 지키는 가장 현실적인 방패가 될 수 있어요. 오늘의 이런 작은 준비가, 언젠가 닥칠지 모를 은행의 위기 앞에서 여러분을 안전하게 지켜줄 거예요.

'남의 나라' 부채에
우리가 계속 신경을 써야 하는 이유

"그거 알아? 미국 정부가 2024년에 이자로만 한국 돈으로 1,300조 원을 냈대."

뜨거운 아메리카노를 조심스럽게 홀짝이며 제가 말하자, 친구는 이렇게 되물었어요.

"이자만? 원금 말고?"

"응. 엄청 나지? 우리나라 2024년 정부 예산이 700조 원도 안 되는데 말야."

순간 친구는 헛웃음을 지으며 저에게 이렇게 물었죠.

"미국 정부는 왜 그렇게까지 빚을 지고 있는 거야? 그래도 괜찮은 거야?"

뉴스에서는 정부 부채가 사상 최고치를 경신했다는 이야기가 흘러나오고, 각국은 무언가 심각한 듯이 '재정 건전성'을 외치고 있어요. 하지만 바쁜 일상에 갇혀 하루하루를 살아가는 우리에게는 그게 무슨 의미인지, 내 삶과 무슨 관련이 있는지 잘 와닿지 않죠.

그런데 사실 정부 부채는 아주 현실적인 문제랍니다. 정부 부채는 국채금리의 변화를 통해 집값, 대출이자, 기업 투자, 나아가 우리의 일자리까지 영향을 줄 수 있기 때문이죠. 말하자면, 숨 쉬듯 당연하게 여기는 이 사회의 작동 원리 안에는 '정부의 빚'이라는 톱니바퀴가 계속 돌아가고 있는 거예요.

전 세계는 지금, 말 그대로 빚더미에 올라서 있습니다. 〈도표 1-3〉을 보면, 전 세계 GDP 대비 정부 부채의 비율은 1970년대 이후 지속적으로 증가하다가 코로나19 팬데믹이 발생한 2020년에 정점을 찍었어요. 2023년에는 전 세계 GDP의 94퍼센트에 달하는 부채가 쌓였다고 해요. 말하자면, 지구 전체가 한 해 벌어들이는 돈만큼 빚이 있다는 뜻이죠.

특히 〈도표 1-4〉에서 볼 수 있듯이 미국과 중국, 두 경제

〈도표 1-3〉 전 세계 GDP 대비 정부 부채 비율 추이

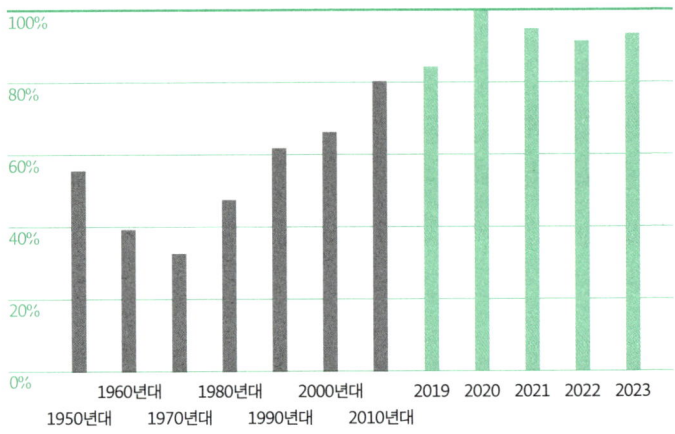

자료: International Monetary Fund, Global Debt database.
(검색일: 2025.2.21.)

대국의 부채 증가가 유독 가팔라요. 국제통화기금International Monetary Fund, IMF도 최근 보고서에서 이렇게 말했죠. "전 세계 정부 부채 증가의 주된 원인은 미국과 중국에 있다"라고요.[1]

왜 이런 걸까요? 미국과 중국 정부가 유독 돈을 많이 쓰는 걸까요? 아니면 두 나라 정부의 수입이 줄었기 때문일까요?

"아니, 미국과 중국의 부채가 증가한 게 나랑 무슨 상관이

〈도표 1-4〉 미국과 중국의 GDP 대비 정부 부채 비율 추이

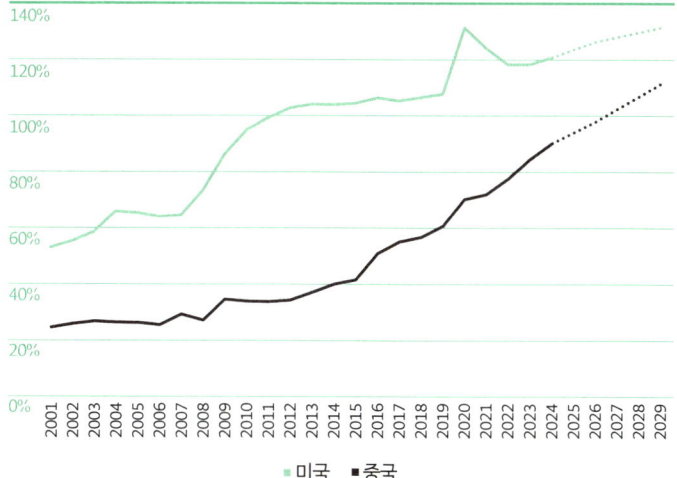

자료: Internatioal Monetary Fund. World Economic Outlook database.(검색일: 2025.2.21.)

야?"라고 생각하실지도 모르겠어요. 그런데 사실 알고 보면, 관련이 꽤 많답니다.

이번 장에서는 이 이야기를 한번 해보도록 하죠.

국채 발행의 증가로
이자 부담이 커져가고 있는 미국

본격적인 내용을 살펴보기에 앞서, 정부 살림살이의 기본 구조부터 짚고 가면 좋겠네요. 정부도 우리처럼 가계부를 쓴답니다. 들어오는 돈, 즉 수입은 주로 세금이에요. 소득세, 법인세, 부가가치세, 상속세…. 여러분이 실제 내고 있거나 한 번쯤 들어본 이름들이죠. 이렇게 걷은 돈으로 정부는 지출을 해요. 공무원들에게 월급도 주고, 복지·교육·도로·국방 같은 사회에 꼭 필요한 일들을 하는 거죠.

그런데 돈을 써야 할 곳이 워낙 많다 보니, 거둬들인 세금보다도 지출을 더 많이 해야 하는 상황이 종종 발생하곤 합니다. 이럴 때 정부는 어떻게 할까요? 네, 개인이 그런 것처럼 정부도 밖에서 돈을 빌린답니다. 이 빚의 이름이 바로 정부 부채예요. 정부는 주로 국채라고 불리는 채권의 발행을 통해 부족한 자금을 빌려요. 예를 들어, "저한테 100억 달러를 빌려주세요. 대신 이자 줄게요"라며 국채를 발행하는 거죠. 이때 중요한 건 금리예요.

금리가 3퍼센트일 때는 100억 달러에 대한 이자가 3억 달러예요. 그런데 금리가 5퍼센트로 오르면 어떻게 될까요? 이자가 5억 달러로 훌쩍 뛰죠. 이처럼 같은 금액을 빌리더라도 채권 금리가 올라가면 새로운 채권을 발행할 때 정부가 부담해야 할 이자 비용이 커져요. 게다가 정부가 발행하는 국채는 단기와 장기가 섞여 있어요. 단기 국채는 만기가 돌아오면 새로 빌려야 하거든요. 그때 금리가 올라 있으면, 과거보다 훨씬 비싼 이자를 주고 다시 돈을 빌려야 해요. 그만큼 이자 부담이 커지는 거죠.

2025년 2월 기준, 미국 정부가 발행한 국채 규모는 무려 28조 달러나 된답니다.* 참고로 대한민국의 GDP가 약 1.8조 달러인데요.[2] 한마디로 미국의 국채 규모가 우리나라 GDP보다 15배나 큰 거죠.

미국은 왜 이렇게까지 국채를 많이 발행했을까요? 일단 돈 나갈 데가 너무 많기 때문이에요. 고령화가 진행되면서 사회보

---

* 이 수치는 미국 재무부가 발행한 시장성 국채(Treasuries outstanding)의 규모를 의미합니다. 참고로 2025년 1분기 기준, 미국의 총 연방 부채(total public debt outstanding)는 약 36조 달러입니다. Securities Industry and Financial Markets Association. US Treasury Securities Statistics. https://www.sifma.org/resources/research/statistics/us-treasury-securities-statistics/ (검색일: 2025.3.17.); U.S. Department of the Treasury. Fiscal Service, Federal Debt: Total Public Debt [GFDEBTN], retrieved from FRED, Federal Reserve Bank of St. Louis. https://fred.stlouisfed.org/series/GFDEBTN(검색일: 2025.8.18.)

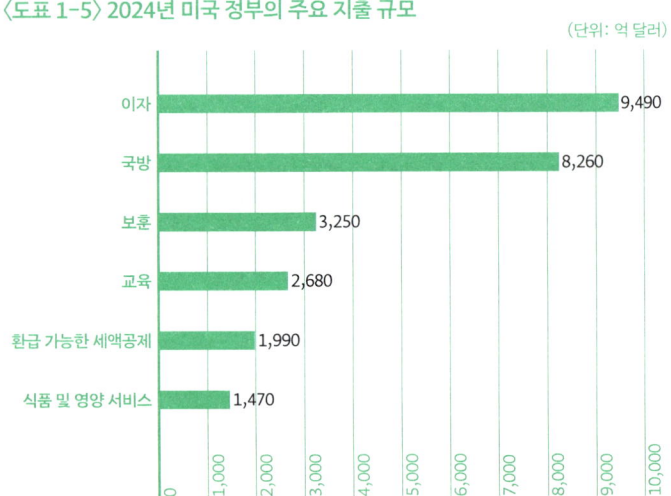

〈도표 1-5〉 2024년 미국 정부의 주요 지출 규모

(단위: 억 달러)

- 이자: 9,490
- 국방: 8,260
- 보훈: 3,250
- 교육: 2,680
- 환급 가능한 세액공제: 1,990
- 식품 및 영양 서비스: 1,470

자료: Congressional Budget Office. (검색일: 2025.8.18.)

장과 메디케어Medicare 같은 각종 복지 지출이 빠르게 늘어나고 있죠.[3] 국방비나 도로·철도 같은 인프라 투자도 여전히 큰 덩치고요.

국채 발행이 늘어난 또 다른 요인으로는 이자 비용이 있습니다. 팬데믹 이후 인플레이션을 잡겠다고 연준이 금리를 확 올렸잖아요? 그 여파로 미국 국채금리도 덩달아 올라가면서 이자 부담이 훅 늘었어요. 얼마나 늘었냐고요? 2024년 한 해 동안 미국 정부가 이자로만 쓴 돈이 9,490억 달러인데, 한국 돈으로는 약 1,300조 원이 넘는 액수예요. 대한민국 정부의 2025년 예산이 673조 원이니, 얼마나 큰 규모인지 알겠죠?

흥미로운 사실은 미국 정부 지출 항목 중에서도 이자 지출이 상위권에 위치한다는 거예요. 〈도표 1-5〉에서 볼 수 있듯이 국방비보다도 그 규모가 크답니다.[4] 미국은 지금 이자만으로 GDP의 2.5퍼센트를 넘게 쓰고 있는 셈이죠.[5]

미국의 국채 발행이
한국의 대출금리에 미치는 영향

문제는 이게 이자만 내고 끝나는 게 아니라는 거예요. 세금으로 다 감당이 안 되니까 국채를 또 찍어야 하죠. 그런데 국채 금리는 이미 높아요. "지금 미국 재정 상황 안 좋은데 위험한 거 아냐?" 하는 생각이 퍼지면 투자자들은 더 높은 금리를 요구하게 되죠. 결국 어떻게 되냐면, 이자 부담이 커지고 → 국채를 더 찍고 → 금리가 더 오르고 → 또 이자 부담이 커지고…. 이런 식으로 악순환이 발생하기 시작하는 겁니다.

나아가 국채금리의 상승은 가계와 기업에도 연쇄적으로 영향을 줍니다. 먼저 가계 이야기부터 해볼게요. 미국은 주택담보대출의 대부분이 고정금리예요. 이 고정금리는 국채금리에 따라 움직여요. 즉, 국채금리가 오르면 주택 대출금리도 덩달아 올라요. 대출받아 집을 사려던 사람들 입장에선 부담이 커지죠. "흠… 이자 너무 비싼데, 아직 사지 말고 더 기다려볼까?" 이런 분위기가 확산되면 집값도 주춤, 부동산시장도 냉각, 나아가 가계 소비 지출까지 줄어들 수 있어요.

그다음은 기업이에요. 기업들은 돈이 필요할 때 회사채를 발행해 자금을 조달하죠. 그런데 국채금리가 올라가면 "국채보다 더 위험한 게 회사채인데, 이자 더 줘야 하는 거 아냐?"라는 게 투자자들의 생각이에요. 결국 기업 입장에선 돈 빌리는 비용이 늘어나죠. 그럼 어떻게 될까요? 신규 투자? 미룹니다. 설비 확장? 다시 생각하죠. 채용? 당연히 보수적으로 가겠죠. 그 여파는 고스란히 경제 전반의 성장률 둔화로 이어질 수 있어요.[6]

그리고 때로는 한 나라의 총리 자리도 흔듭니다. 바로 영국이에요. 2022년, 당시 총리였던 리즈 트러스 Liz Truss는 고소득층의 세금을 깎아주겠다고 나섰어요. 무려 450억 파운드 규모의 감세였죠. 문제는 돈 줄이는 계획은 있었지만, 돈을 채울 계획은 없었다는 거였습니다. 트러스는 "감세하면 경기가 살아날 거야!"라는 한마디로 시장을 설득하려 했지만, 그 말을 곧이곧대로 믿은 사람은 거의 없었어요. 당시에 영국은 이미 40년 만에 찾아온 높은 인플레이션과 고금리로 흔들리고 있었거든요.

"저 돈 다 어디서 메우려고?" 시장에선 이런 의심이 퍼지기 시작했어요. 파운드화의 가치는 폭락하고 '길트Gilt'라고 불리는 영국의 장기 국채의 금리는 급등했죠. 상황은 걷잡을 수 없이 심각해졌고, 결국 트러스 총리는 취임 49일 만에 사임했어요. 영국 역사상 가장 짧은 임기를 지낸 총리라는 타이틀을 남기고 말이죠.[7]

정부 부채, 국채금리, 감세 정책. 멀게 느껴질지 몰라도 결국 한 끗 차이로 집값도 흔들리고, 일자리도 위태로워지고, 총리도 물러나는 일이 벌어질 수 있다는 얘기예요.

사실, 미국 국채금리가 오르면 한국도 가만있을 수 없습니다. 미국 국채는 '세상에서 제일 안전한 채권'이라는 별명이 있을 정도로 각국 중앙은행, 연기금, 글로벌 금융기관들이 즐겨 찾는 자산이에요. 그만큼 미국 국채금리는 전 세계 금융시장의 기준점 역할을 하죠. 마치 모든 금리의 나침반처럼 말이에요.

만약 미국 정부가 "돈이 좀 부족하네?"라며 국채를 대량 발행하면 어떻게 될까요? 금리가 당연히 오르죠.* 그리고 그렇게 미국 국채금리가 오르는 순간, 전 세계 투자자들의 머릿속엔 같은 생각이 떠오릅니다. "굳이 위험한 곳에 투자할 필요 있나? 미국 국채로 가자." 이렇게 글로벌 투자 자금이 미국으로 몰리면, 한국의 원화 채권 시장엔 상대적으로 찬바람이 불 수 있어요. 투자자가 줄면 정부도 고민이 깊어지죠. "이제 우리 채권 누가 사주지…?"

답은 하나예요. 더 높은 금리를 제시해야겠죠. 그 결과, 한국의 국고채 금리도 덩달아 오르게 돼요. 다시 말해, 미국이 국채를 더 많이 찍어내면 우리가 빌리는 돈의 이자도 따라서 오르는 일이 벌어지는 겁니다. 결과적으로 우리 정부의 자본 조달 비용이 증가하게 돼요.[8]

---

* 국채 발행을 늘리면 금리가 오르는 이유를 이해하기 위해서는 두 가지 원리를 알아야 합니다. 첫 번째는 수요와 공급의 법칙에 따른 균형 가격의 결정 원리이고, 두 번째는 채권의 가격과 금리는 반대 방향으로 움직인다는 원리예요. 첫 번째 원리에 따르면, 어떤 물건의 수요가 일정한 상태에서 공급이 증가하면 가격이 떨어집니다. 채권 가격도 마찬가지예요. 채권의 수요는 일정한데, 채권의 공급이 증가하면 채권의 가격은 하락해요. 이제, 두 번째 원리에 따라 채권의 가격과 금리는 반대로 움직이겠죠. 채권 가격이 하락했으니 채권 금리는 올라갈 거예요.

〈도표 1-6〉 한국과 미국의 10년 만기 국채금리 추이

자료: Refinitiv. (검색일: 2024.5.18.)

실제로 〈도표 1-6〉을 보면 2020년부터 2024년 5월까지 한국과 미국의 10년 만기 국채금리가 비슷하게 움직이는 모습을 확인할 수 있습니다. 참고로 두 나라 간에 서로 투자하고 있는 자금의 규모가 커질수록 금융연계성financial linkage이 올라간다고 말해요. 실제로 코로나19 이후 한국과 미국 간의 금융연계성이

높아졌죠. 이로 인해 한국의 채권금리가 미국의 채권금리에 더 민감하게 반응하며 서로 같은 방향으로 움직이는 경향도 강해졌어요.[9]

요약하자면, 미국 정부가 부족한 돈을 마련하기 위해 국채 발행을 늘려 금리가 올라가게 되면 한국의 돈 사정에도 영향을 미친다는 거예요. 그만큼 우리가 사는 세상은 생각보다 훨씬 더 촘촘하게 얽혀 있답니다.

경제 성장 모델과 연결되어 있는 중국의 부채 문제

이번엔 중국으로 가볼까요? 중국의 정부 부채가 빠르게 늘어난 이유의 핵심은 부동산시장의 침체였어요. 그런데 이 얘기를 제대로 이해하려면, 먼저 중국의 성장 방식을 조금 들여다볼 필요가 있습니다.

중국이 오늘날처럼 세계 2위의 경제 대국이 될 수 있었던 비결은 무엇일까요? 바로 투자예요. 정부가 도로 깔고, 철도 놓고, 공장 세우고, 아파트 짓고. 이런 '투자 드라이브'가 중국 경제를 끌고 왔죠. 어떻게 가능했냐고요?

중국은 저축률이 무척 높은 나라입니다. 사람들이 은행에 예금한 돈이 쌓이고 쌓여서, 그 돈이 엄청난 규모의 저금리 대출로 풀렸어요.[10] 그 돈은 다 어디로 갔을까요? 인프라, 제조업, 그리고 무엇보다도 부동산으로 향했어요.

중국 부동산은 경제의 엔진 같은 존재였습니다. 한창 잘 나가던 시기엔 중국 GDP의 약 30퍼센트가 부동산에서 나올 정도였죠.[11] 그때 중국의 도시들에서는 "건설 현장이 곧 경제 성장을 보여준다"는 말이 나오곤 했습니다. 그만큼 도시 곳곳에 아파트 단지가 솟아오르고, 개발업체들은 마치 질주하는 기관차처럼 빚을 내서 또 짓고 또 짓고 했죠.

여기서부터 문제가 시작됐어요. 지어도 너무 많이 지은 겁니다.

"계속 집만 지으면 되는 줄 알았는데, 이제 사람들이 안 사네?"

사람이 살지도 않을 집들이 곳곳에 우후죽순으로 생겨나기 시작했어요. 빈집이 넘쳐나고, 수요보다 공급이 많아지면서 부동산 가격도 흔들리기 시작했죠. 게다가 그동안 빚으로 확장해온 부동산 개발사들은 갑자기 분양이 안 되니 수익이 줄고 결국 빚을 감당하지 못하게 된 거예요.

그 순간부터 위기의 도미노가 시작됐습니다. 물론 중국 정부도 이를 가만히 보고만 있진 않았습니다. 이대로 놔뒀다간 진짜 큰일 나겠다 싶었는지, 부동산 개발업체들한테 경고의 카드를 세 장 날립니다. 이른바 '3대 레드라인 정책'인데요. 기억하기 쉽게 정리하면 이렇습니다.

- 자산 대비 부채는 70퍼센트를 넘으면 안 되고,
- 순부채 비율은 100퍼센트를 넘으면 안 되며,
- 현금은 단기 부채보다 많아야 한다.

딱 봐도 빚이 많은 회사들에겐 곧바로 빨간불이 켜졌겠죠? 자금줄이 죄여오자 현금 흐름이 좋지 않던 기업들부터 숨이 막히기 시작해요. 그리고 결국, 문제가 터집니다. 중국의 2위 부동산 개발업체이자 이름처럼 거대한 헝다恒大, Evergrande가 "우리, 가진 돈 다 떨어졌습니다"라며 디폴트default(채무불이행)를 선언해버렸어요. 거기서 끝이 아니었습니다. 비구이위안碧桂园, Country Garden 같은 다른 대형 업체들도 덜덜 떨며 무너졌고, 그 여파로 중국 전체 부동산시장이 얼어붙기 시작했어요.

집값이 떨어지자, 사람들은 "지금 사면 손해 보는 거 아냐?" 하며 주춤했어요. 문제는 중국 사람들이 대부분의 재산을 부동산에 몰아넣고 산다는 점이었습니다. 집값이 빠지면 그저 손해를 보는 정도가 아니라, 지갑을 아예 닫게 되어버리는 것이죠. 그러니 소비도 줄어들고, 경제도 함께 움츠러들 수밖에요.[12]

이 여파는 우리한테까지 영향을 줘요. 중국의 소비가 위축되면 어떤 일이 생길까요? 당연히 중국에서 잘 팔리던 화장품이나 의류 같은 소비재 수출이 줄어들게 됩니다. 우리 기업들도 상당한 타격을 입는 거죠.

그뿐만이 아니에요. 중국은 지방정부의 재정이 특히 취약한 나라예요. 중앙정부의 부채보다도 지방정부 부채가 훨씬 많죠. 게다가 지방정부들이 지금껏 벌어온 돈의 절반 가까이가 바로 '토지 사용권 판매'였거든요. 그런 이유로 부동산시장의 침체는 특히 지방정부의 재정에 큰 타격을 줬어요. 쉽게 말하면, 땅을 개발업체에 팔아서 그 돈으로 버텨온 건데, 부동산시장이 멈추자 땅이 팔리지 않는 거죠. 결국 돈줄이 마르고, 빚만 늘어나는 구조가 된 겁니다.[13]

지금 상황만 봐도 심각한데, 진짜 문제는 따로 있습니다. 이른바 '그림자 부채 shadow debt'라는 건데요. 중국의 지방정부에겐 공식 장부에 안 올려둔 숨은 빚이 많았어요. 왜 이런 게 생겼냐고요? 한때 중국 중앙정부는 "지방정부, 니들 맘대로 지방채 찍지 마" 하고 막았거든요. 그랬더니 지방정부는 LGFV_{Local Government Financing Vehicle}라는 꾀를 냅니다.

이게 뭐냐면요. 지방정부가 만든 일종의 자금 조달용 특수법인이에요. 외형은 민간 기업처럼 보이지만 실제로는 지방정부의 자금 조달 도구였죠. 이 LGFV들은 부동산 같은 지방자산을 담보로 채권을 발행하거나 대출을 받았어요. 그리고 그 돈으로 도로를 깔고, 다리를 놓고, 공공시설을 지은 거죠.[14]

문제는 이 모든 게 지방정부의 공식 재정에는 안 잡혔다는 겁니다. 장부에는 안 써놨지만, 돈은 빌렸고, 이자는 내야 했죠. 그러니 부동산 경기가 식자마자 LGFV들도 휘청이기 시작했어요. 수익은 줄고, 유동성은 말라가고, 안 그래도 빚에 허덕이던 지방정부는 더욱 벼랑 끝으로 몰리게 됐죠.[15]

한마디로, 중국의 부채 문제는 '이중 구조'였던 셈이에요. 표면적으로는 부동산 침체, 그 밑에는 지방정부의 그림자 부채라는 지뢰밭이 깔려 있었던 거죠. 그리고 이건 중국의 경제 성장 모델 자체가 바닥에 부딪힌 신호이기도 했습니다.[16] 그동안 '부동산 돌리기'로 성장을 끌어올렸다면, 이제는 그 방식이 더는 안

먹힌다는 얘기였습니다. 정부가 규제를 강화했고, 시장이 식었으며, 돈줄도 마르기 시작했어요. 부동산이 더 이상 성장 엔진이 되기 어려워졌다는 것, 그것이 바로 중국이 맞닥뜨린 현실이었답니다.

여기서 잠깐. 혹시 신흥국 경제가 취약해질 때가 언제인지 아세요? 외화 빚이 많을 때예요. 평소엔 잘 돌아가던 나라 경제도 달러가 빠져나가기 시작하면 순식간에 휘청이죠. 돈이 없어서 망한다기보단 외화가 빠져나가서 망하는 경우가 많아요.

하지만 중국은 좀 상황이 다릅니다. 의외로 외국에서 빌린 돈은 많지 않아요. 중국 부채의 대부분은 위안화 표시, 즉 자국 통화로 된 빚이란 얘기죠. 그래서 '달러가 빠져나가면 어쩌지?' 같은 외환 리스크는 상대적으로 낮은 편이에요.[17] 물론 부동산발 경기 침체가 길어지면 자본이 해외로 도망치려는 움직임이 생길 수 있죠. 다만 그것도 쉽지 않은 게 중국은 정부가 금융 시스템을 꽉 쥐고 있어요. 돈이 밖으로 못 나가게 틀어막을 수 있는 나라인 거죠. 결과적으로 정부 부채 문제가 금융 부문으로 전이될 가능성은 높지 않아요.[18]

그렇다고 마냥 손 놓고 있는 건 아니에요. 중국 정부는 2024년에 통 크게 선언해요. 앞으로 5년간 무려 10조 위안, 우리 돈으로 약 2,000조 원을 지방정부의 '숨은 빚' 해결에 쓰겠다고요. 매년 특별채권을 발행해서, 그동안 LGFV가 남몰래 숨겨놨던 부채를 조금씩 갚아나가겠다는 계획이에요. "숨은 빚부터 정리하자"는 신호탄인 셈이죠.[19]

이뿐만이 아니에요. 중국은 이참에 경제 구조 자체를 바꾸려 하고 있어요. 뒤에서 자세히 살펴보겠지만 이제는 부동산 말고, 반도체·전기차·AI에 집중하겠다고 선포했죠. 고속철도와 5G 같은 인프라도 대대적으로 확충하겠다는 계획이고요.

정리하면, 중국의 부동산 위기로 불어난 정부 부채는 역설적이게도 중국의 새로운 성장 전략과 연결돼요. 즉, 부채 문제의 해법이 그동안 부동산에 의존해온 중국의 경제 체질을 싹 갈아엎으려는 움직임과 겹친다는 얘기입니다. 과연 부동산에서 탈피해 첨단 산업과 인프라 투자에 집중하는 중국의 새로운 성장 모델은 앞으로 얼마나 효과를 낼 수 있을까요?

미국과 중국의 부채는
어떻게 우리의 문제가 되는가

이제 마지막으로 이런 질문을 던져볼게요.

"부채, 무조건 나쁜 걸까요?"

꼭 그렇진 않아요. 잘만 쓰면 부채도 성장의 엔진이 될 수 있죠. 필요할 때 빌린 돈으로 도로도 깔고, 학교도 짓고, 미래를 위한 투자에 쓰면 그건 '좋은 빚'이에요. 하지만 문제는 "그 빚을 감당할 수 있느냐"에 달려 있습니다. 빚으로 너무 과하게 몸집을 키우면 하체가 제대로 받쳐주지 못해 결국 전체 경제가 흔들릴 수도 있거든요.

미국의 경우를 볼까요? 미국은 팬데믹 때 돈을 엄청 풀었죠. 여기에 고령화로 사회보장·복지 지출도 계속 늘고 있고요. 그 결과, 미국의 부채는 이제 GDP 대비 최고 수준에 도달했어요. 그러니 사람들은 슬슬 불안해지기 시작하죠. "미국이 과연 계속 버틸 수 있을까?" 이런 우려는 금리를 움직이고, 글로벌 금융시장의 변동성에도 영향을 미칩니다.

중국도 상황이 만만치 않죠. 부동산이 무너지고, 지방정부는 빚더미에 앉았고요. 그 여파는 소비 둔화로 이어지고, 우리나라처럼 중국 소비자에게 의존하는 나라들에겐 직격탄이 될 수 있어요. 실제로 화장품이나 의류를 수출하는 업체들의 주가가 많이 빠졌었죠.

문제는 이 두 나라가 오늘날 세계 경제의 양 축이라는 점입니다. 미국과 중국이 동시에 부채로 허덕이면, 어떤 나라들은 본격적인 충격이 오기도 전에 작은 진동에도 중심을 잃고 쓰러질 수 있어요.

그런 까닭에 우리는 앞으로 미국과 중국이 과연 어떻게 부채를 관리할지 눈여겨봐야 합니다. 그들의 선택이 돌고 돌아 나의 예금금리와 주식 계좌 평가액에도 영향을 줄 수 있으니까요.

| 빅테크 기업 | AI 산업 | 제조 2025 |

| 미·중 반도체 전쟁 | AGI |

| 일자리 | 초성장 | 노동의 미래 |

2장

기술이 돈이 되는 시대, 나의 일과 삶은 어떻게 달라질까?

빅테크 기업은
정말 세상을 바꿀 수 있을까?

"어제도 유튜브한테 당했어."

아침부터 친구가 한숨을 쉬며 말합니다. 그게 대체 무슨 말인가 물어보니, 이내 익숙한 이야기를 들려줍니다. 처음엔 그냥 10분짜리 브이로그 하나만 보고 자려고 했답니다. 그런데 알고리즘이 던진 '딱 내 취향'의 썸네일 몇 개에 홀려서, 정신 차려보니 새벽 두 시였다는 겁니다.

"분명 내가 영상을 고른 건데… 사실 유튜브는 처음부터 다 계획이 있었던 거야."

이 얘기, 전혀 낯설지 않으시죠?

우리가 유튜브를 켤 때마다 보는 화면은 사실, 눈에 보이지 않는 '알고리즘 PD'가 짜놓은 리스트예요. 유튜브는 우리가 뭘 좋아할지, 뭘 오래 볼지, 어디서 광고를 띄워야 할지를 다 알고 있어요. 다시 말해 이제는 '내가 뭘 볼지'보다 '유튜브가 뭘 보여줄지'가 더 중요해진 시대인 거죠.

이처럼 오늘날 유튜브는 우리가 무엇을 보고, 어디에 시간을 쓰고, 무엇을 사고 싶은지까지 바꾸는 '디지털 습관 설계자'가 되었죠. 그리고 유튜브처럼 우리 삶을 재편하고 있는 이들이 바로 이번 장에서 다룰 주인공, 빅테크 기업들입니다.

강력해진 그들의 영향력, 어디까지 허용해도 될까요? 이번 장에서는 그들의 성장뿐만 아니라 그 성장이 드리우는 그림자까지 함께 들여다보는 시간을 갖도록 하겠습니다.

기술이 곧 돈이 되는 시대

애플, 엔비디아, 마이크로소프트, 아마존, 알파벳(구글), 메타(페이스북) 등으로 대표되는 빅테크 기업들을 이제 그저 IT 회사라고만 부르기 어려워졌습니다. 이 기업들은 그동안 폭발적인 성장을 통해 세계 경제를 설계하는 핵심 세력으로 자리 잡았어요.

애플은 더 이상 스마트폰을 만드는 회사가 아닙니다. 그건 아주 옛날이야기죠. 아이폰이 워낙 잘 팔리긴 하지만, 애플이 가진 진짜로 무서운 힘은 그다음에 있거든요. 운영체제 macOS, 앱스토어, 아이클라우드, 애플뮤직 등 애플은 그들만의 '디지털 우주'를 만들어서 사람들이 한 번 발을 들여놓으면 빠져나가기 어렵게 만드는 전략을 취해왔습니다. 그래서일까요? 2025년 9월 기준, 애플의 시가총액은 무려 3.64조 달러인데, 이는 대한민국 GDP의 거의 두 배에 달합니다.[1]

엔비디아는 한때 게임 그래픽카드를 만드는 회사로 불렸습니다. 그러나 이제는 'AI 시대의 원유'를 공급하는 기업이 되었죠. 챗GPT 같은 생성형 AI가 돌아가려면 수천 개의 엔비디아 GPU가 필요하거든요. 게다가 그냥 칩만 파는 게 아니라 CUDA Compute Unified Device Architecture라는 프로그램 생태계부터 AI 전용 서버, 추론 엔진까지…. 엔비디아는 오늘날 AI 산업에서 없어선 안 될 핵심 기업이 됐습니다.

마이크로소프트요? 한때는 윈도우나 오피스를 만드는 회

사였지만, 이제는 클라우드, AI, 협업 툴, 게임까지 안 건드리는 분야가 없어요. 특히 많은 기업이 마이크로소프트가 제공하는 클라우드 플랫폼인 애저Azure를 이용하고 있고요. 챗GPT를 개발한 오픈AI에도 130억 달러나 투자했죠.² 거기에 엑스박스를 만드는 글로벌 게임 산업의 핵심 플레이어 가운데 하나이기도 해요. 이쯤 되면 전방위 기술 제국이죠.

아마존은 어떨까요? 여전히 '온라인 쇼핑' 하면 떠오르는 이름이긴 한데요. 이들이 진짜 돈 버는 분야는 바로 세계 최대 클라우드 서비스인 AWSAmazon Web Services입니다. 아마존은 이젠 물건 파는 기업을 넘어 '기반을 파는 기업'에 더 가까워졌어요. 소비자와 셀러, 검색과 광고, 물류와 데이터까지 아우르는 글로벌 플랫폼 기업으로 자리 잡았죠.

구글은 말할 것도 없죠. 검색엔진 하나로 시작했지만 지금은 모바일, 광고, 클라우드, AI, 자율주행, 바이오까지 인터넷이 있는 거의 모든 곳에 구글이 있다고 봐도 됩니다. 유튜브도, 전 세계 스마트폰 운영체제의 70퍼센트 이상을 차지하는 안드로이드도 모두 구글 거예요.³ 그래서 사람들은 이렇게 말하곤 하죠. "구글 없이 사는 세상은 상상도 안 된다"고요.

그리고 메타가 있습니다. 이름이 익숙하지 않다면, 페이스북이라 생각하시면 돼요. 메타의 페이스북, 인스타그램, 왓츠앱 등의 플랫폼에는 20억 명 이상의 사용자가 활동하고 있어요.[4] 이제는 메타버스, AI, VR, 디지털화폐까지, 그야말로 디지털 커뮤니케이션의 중심을 쥐고 있는 기업이에요.

그런데 여기서 더 놀라운 게 있습니다. 다음에 나오는 〈도표 2-1〉을 보실까요? 앞서 설명한 이 여섯 개 기업이 미국 주식시장에 상장된 기업 시가총액 1위부터 6위까지를 차지하고 있습니다. 이들 기업가치의 합은 나머지 7위부터 25위까지 기업들의 합보다 1.4배 이상 크답니다. 여기에는 엑손모빌Exxon Mobil 같은 정유 기업, 일라이 릴리Eli Lilly와 존슨앤드존슨Johnson & Johnson 같은 제약 기업, 버크셔 해서웨이Berkshire Hathaway와 JP모건 체이스JPMorgan Chase 같은 금융 기업, 월마트Walmart 같은 유통 기업이 포함되어 있어요. 그럼에도 불구하고 상위 여섯 개의 빅테크 기업들과 나머지 기업들 간의 격차가 상당히 크다는 사실을 확인할 수 있죠.[5] 그야말로 '기술이 돈이다'라는 말을 현실로 보여주는 시대가 아닐 수 없습니다.

이처럼 빅테크 기업들은 다른 산업과의 격차를 벌리며 더욱 거대해지고 있고, 그 영향력도 점차 확대되고 있어요. 하지만 동시에, 이들이 행사하고 있는 강력한 시장 지배력에 대한 우려

〈도표 2-1〉 미국 주식시장에 상장된 시가총액 상위 25개 기업 (2025.2.28 기준)

순위	회사명	시가총액 (단위: 10억 달러)
1	애플	3,632.9
2	엔비디아	3,048.1
3	마이크로소프트	2,951.2
4	아마존	2,249.7
5	알파벳(구글)	2,075.7
6	메타(페이스북)	1,693.0
7	버크셔 해서웨이	1,110.8
8	테슬라	942.4
9	브로드컴	934.8
10	일라이 릴리	826.9
11	TSMC	819.9
12	월마트	792.2
13	JP모건 체이스	740.0
14	비자	708.6
15	마스터카드	526.6
16	엑손모빌	483.1
17	코스트코	465.5
18	오라클	464.5
19	유나이티드헬스 그룹	437.1
20	넷플릭스	419.4
21	P&G	407.6
22	노보 노디스크	399.0
23	존슨앤드존슨	397.3
24	홈디포	394.0
25	애브비	369.0

자료: Yahoo Finance. (검색일: 2025.3.1.)

도 커지고 있죠.

자, 이제 이쯤에서 한번 짚고 넘어가 보죠. 과연 이게 다 좋기만 한 일일까요? 물론 빅테크 기업들이 이룬 기술 혁신은 대단해요. 그런데 그러다 보니 이들이 너무 커져버렸죠. 진짜 문제는 이들이 '너무 많은 걸 알고 있다'는 사실이에요.

플랫폼 기업들이 만들어내는 문제들

이들 기업이 '너무 많은 걸 알고 있다'는 게 왜 문제냐고요? 예를 하나 들어봅시다. 이들 기업은 지금 이 순간에도 자체 플랫폼을 통해 사용자 데이터를 어마어마하게 모으고 있습니다. 그냥 많이 모으기만 하는 게 아니라 정교하게, 디테일까지 들여다보죠. 우리의 검색 기록, 클릭 습관, 관심사, 심지어 '요즘 무슨 생각을 하는지'까지 예측 가능한 수준으로 말이에요.

이 데이터를 기반으로 맞춤형 광고를 만들고, 우리가 사고 싶어할 법한 제품을 정확히 골라서 보여줍니다. 그래서 어떨 때는 우리가 뭘 좋아하게 될지도 미리 아는 것만 같습니다.

그럼 다른 기업들은요? 스타트업이나 중소기업 입장에서

는 참 난감하죠. 그런 엄청난 규모의 데이터가 없으니, 경쟁이 될 리가요. 빅테크는 '데이터의 바다'에서 고래처럼 헤엄치고 있는데 신생 기업은 겨우 양동이 크기의 물 안에서 생존을 고민해야 하는 겁니다. 이런 불균형은 시장 진입 자체를 어렵게 만들고, 자칫 혁신도 막을 수 있어요.

더 걱정스러운 건 이런 경우예요. 어떤 스타트업이 아주 괜찮은 기술이나 아이디어를 내놓으면, 빅테크가 그 회사를 인수해버려요. "우리 생태계에 잘 맞을 것 같아서"라고 포장하지만, 사실은 경쟁자를 미리 제거하는 전략이기도 하죠. 그렇게 싹을 틔우기도 전에 잘려나가면, 우리가 만날 뻔한 다음 세대의 혁신은 세상에 등장도 못하게 될 수 있어요. 그리고 이게 계속 쌓이면 기술의 다양성도 줄고, 생태계도 폐쇄적으로 변할 수 있답니다. 다들 똑같은 플랫폼에 갇힌 사회가 되는 거죠.

빅테크가 가진 가장 큰 무기는 플랫폼인데요. 이 플랫폼이라는 무기를 들고 있으면, 시장 전반에 큰 영향을 미칠 수 있어요. 어느 날 갑자기 구글이 검색 알고리즘을 바꿨다고 가정해봅시다. '우리 기준에 맞게 신뢰도 높은 사이트만 상위에 올리겠다'처럼 말이죠. 그럼 어떻게 될까요? 원래 잘 나가던 중소 사이트들의 검색 순위가 확 밀릴 수 있어요. 소비자들의 사이트 방문

수가 감소하고 매출이 떨어질 수 있는 거죠.

　앱스토어도 마찬가지예요. 애플이 앱 심사 기준을 강화하겠다고 발표하면, 기존 앱이 삭제되거나 업데이트가 막힐 수도 있어요. 그럼 앱 개발사는 사용자 확보와 수익 창출에 직접적인 타격을 받을 수 있죠. 이와 같이 빅테크 기업의 플랫폼은 소규모 기업들의 사업에 중대한 타격을 줄 만큼 커다란 영향력을 갖고 있습니다.[6]

　그럼 우리 같은 소비자는 어떨까요? 처음에는 마냥 좋죠. 싸고, 빠르고, 심지어 공짜에 가까운 서비스도 많으니까요. 하지만 빅테크 기업의 독점력이 강해지면 선택권이 줄어들고, 장기적으로는 지불해야 할 가격이 상승할 수도 있답니다.

　예를 들어볼게요. 광고 없이 동영상을 시청할 수 있는 유튜브 프리미엄을 떠올려보세요. 처음에 유튜브 프리미엄은 무료 체험도 있었고, 요금도 저렴했어요. 그런데 한 번 광고 없이 보는 것이 습관이 되면 다시 무료 버전으로 돌아가기 힘들어집니다. 그러다 가격이 슬쩍 올라가요. "그래도 뭐… 익숙하니까." 우리는 자연스럽게 또 결제를 하게 됩니다.

　아마존도 비슷해요. 처음엔 뭐든 싸고 배송도 빨라요. 그러다 보니 동네 가게들은 점점 살아남기가 힘들어지죠. 그리고 나면 아마존은 슬슬 자체 브랜드를 내세우기 시작해요. 그런데 뭔가 예전보다 상품 선택지는 줄고, 가격도 슬금슬금 오르는 것 같아요. 그럼에도 불구하고 어쩔 수 없이 또 아마존을 쓰게 되죠. 이제 남은 선택지가 거기밖에 없으니까요. 결국 선택권은 줄어들면서 점점 빅테크에 더 깊숙이 묶이게 되죠.

혹시 이런 생각해보신 적 있으세요? "구글도, 인스타그램도 무료인데 왜 이렇게 돈을 잘 버는 걸까?" 혹은 "그냥 검색하고 친구들과 사진 공유하는 건데, 도대체 돈을 어떻게 버는 거야?" 같은 질문들이요.

그 답은 간단해요. 무료로 쓰고 있다고 생각하는 그 플랫폼들이 사실은 무료가 아니기 때문입니다. 우리가 구글에 검색어를 입력하고, 페이스북에 '좋아요'를 누르고, 인스타그램에서 어떤 게시물에 오래 머무는지, 어떤 광고를 클릭하는지, 심지어 어떤 시간대에 어떤 콘텐츠를 소비하는지까지, 이 모든 정보가 고스란히 쌓이거든요. 그리고 이 데이터가 바로 돈이 되는 거죠.

이 어마어마한 사용자 데이터를 기반으로 구글과 페이스북은 전 세계 디지털 광고 시장을 사실상 지배하고 있어요. 광고주 입장에서는 타기팅이 정확하니까 효과도 크겠죠. 그러니 결국 구글과 페이스북에 계속 돈을 쓰게 되고요. 만약 이 두 기업이 광고비를 올리면 광고주는 이렇게 말할 거예요. "어쩔 수 없잖아요. 여기 아니면 답이 없는데?"

여기서 중요한 질문이 있습니다. 그 광고비를 결국 누가 내는 걸까요? 일차적으로는 기업이 부담하죠. 하지만 기업은 그 비용을 제품 가격에 슬쩍 얹어서 소비자에게 넘깁니다. 그러니까 따지고 보면 우리가 이용하는 서비스는 무료가 아닐 수 있다는 거예요. 우리는 돈 대신 개인 정보를 제공하고, 그 결과로 더 많은 광고를 보고, 더 비싼 제품을 사는 구조에 들어가 있는 셈이죠.

게다가 경쟁이 줄어들면 어떤 일이 벌어질까요? 제한된 선택지 속에서 점점 더 높은 가격을 지불해야 할 수도 있습니다. 또한 무료 서비스의 혜택이 줄어들고, 더 많은 광고에 노출되는 광고 기반 모델이 확대될 가능성도 있죠. 실제로 구글은 검색 결과가 광고 중심으로 바뀌면서 원하는 정보를 찾기가 예전보다 어려워졌다는 비판을 받은 바 있어요.[7]

이런 일들이 계속되자 미국 정부가 칼을 빼 들었습니다. 구글을 상대로 반독점 소송을 걸었거든요. 배경은 이랬어요. 구글은 삼성이나 애플 같은 회사들이 만든 스마트폰에 자기들의 검색엔진이 기본으로 탑재하도록 계약을 했어요. 갤럭시든 아이폰이든 검색을 하면 구글로 연결되는 이유가 바로 이거였죠. 편리하긴 하지만, 다른 검색엔진들의 진입 기회 자체를 막았다는 점이 문제였어요. 미국 정부는 이게 그냥 경쟁이 치열해진 정도가 아니라, "야, 너네는 출발선에도 아예 못 서게 해줄게" 같은 수준이 되었다고 봤어요. 게다가 검색 광고 시장에서도 구글이 사실상 독점이다 보니 광고 가격을 슬쩍슬쩍 올려도 광고주는 울며 겨자 먹기로 따라갈 수밖에 없었죠. 그 부담은 또다시 소비자한테 넘어오는 구조였고요. 이 일로 미국 연방법원이 판결을 내렸답니다. "구글, 너네 독점기업monopolist 맞네. 그 지위를 남용하기도 했고"라고 말이죠.

혹시 스탠더드 오일Standard Oil이라는 회사 이름, 들어보신 적 있으신가요? 스탠더드 오일은 단지 예전에 존재했던 회사의 이름을 넘어선, 미국 자본주의 역사에 길이 남을 사건의 주인공이랍니다. 1870년, 존 D. 록펠러John D. Rockefeller가 이 회사를 설립했는데요. 19세기 말에 미 전역의 석유시장을 90퍼센트 이상 장악하면서 사실상 '석유왕국'을 세웠죠.

그런데 그 과정이 꽤 무시무시했답니다. 경쟁사랑 계약하려는 기업들한테 압박을 넣거나, 일부러 가격을 낮춰서 소규모 석유 회사들을 하나둘씩 시장 밖으로 내몰았거든요. 그리고 나서는? 가격을 슬슬 다시 올렸죠. 이제 더 이상 경쟁은 없으니까요. 결국 소비자들은 비싼 기름값을 감당할 수밖에 없었어요. 이와 같이 시장이 소수의 기업에 의해 지배되면 가격은 더 이상 자유롭게 조정되지 않고, 자원의 배분도 왜곡된답니다.

이런 일이 계속되자 미국 정부가 나섰어요. "안 되겠다. 이건 시장 질서 파괴야!"

1911년, 연방대법원은 서먼법Sherman Act이라 불리는 반독점antitrust법을 근거로 스탠더드 오일에게 회사를 무려 34개로 분할시키라고 명령했어요. 그때 쪼개진 회사들 중에는 오늘날의 엑손모빌이나 셰브론Chevron 같은 초대형 정유 회사들도 포함돼 있었죠.[8]

사람들은 "구글이 제2의 스탠더드 오일이 될 수 있다"고 말해요. 미국 정부가 구글에 대해 들이민 조치들도 만만치 않거든요. 예를 들면 크롬 브라우저를 매각하고, 안드로이드 사업을 구글에서 분리하고, 삼성이나 애플과의 검색엔진 탑재 계약을 금지하고, 검색 데이터를 경쟁사들과 의무적으로 공유하라는 것들이죠. 물론 구글도 가만히 있진 않았어요. "삼성 및 애플과의 계약은 유지하되, 사용자한테 다른 검색엔진도 고를 수 있게 하겠다"고 절충안을 제시했죠.

이에 대한 법원의 1심 판결이 2025년 9월에 나왔어요. 어떻게 됐을까요? 구글에게 앞으로 경쟁사들과 일부 데이터를 공유할 것을 명령했지만, 미국 정부가 요구한 구글의 기업 분할 요청은 받아들여지지 않았죠. 이 판결로 구글은 최악의 시나리오였던 기업 분할은 피하게 됐어요.[9]

하지만 아직 끝난 건 아니에요. 구글을 시작으로 다른 빅테크를 겨냥한 반독점 소송들이 여전히 진행 중이거든요. 예를 들어, 애플은 아이폰 쓰는 사람이 안드로이드로 넘어가기 어렵게 만든 것 때문에 조사를 받고 있어요. 메타는 유망한 스타트업을 미리 인수해서 경쟁 자체를 없앤 게 문제가 되고 있죠. 아마존은 자신들의 마켓에 입점한 업체들을 부당하게 압박했다는 혐의를 받고 있습니다.[10]

이 사안들에 대해 법원이 앞으로 어떤 판결을 내리는가에 따라, 지금 우리가 알고 있는 검색·광고·디지털 플랫폼의 생태계 자체가 바뀔 수 있어요. 말 그대로 디지털 시장의 판이 바뀔 수도 있는 순간인 셈이죠.[11]

규제와 혁신의 갈림길에 선 빅테크 기업들

한편, 요즘 미국에서는 꽤 흥미로운 논쟁이 벌어지고 있습니다. "과연 정부가 기술을 어디까지 규제할 수 있을까?" 하는 것인데요. 바로 빅테크 기업들에 대한 규제와 표현의 자유가 충돌하는 지점이죠.

플로리다주는 정치인 계정을 소셜미디어가 마음대로 정지시키지 못하게 하는 법을 만들었어요. 텍사스주는 "정치적 의견을 이유로 글을 지우거나 사용자를 차단하지 마!"라고 못 박았고요. 그랬더니 빅테크 기업들은 해당 법안들이 미국 수정헌법 제1조가 규정하고 있는 표현의 자유를 침해한다고 강력히 반발했어요.

"아니, 우리도 표현의 자유가 있어요!"

"언론사도 기사 편집하는 거 보호받잖아요? 우리가 피드 조정하거나 게시물 관리하는 것도 같은 논리 아니에요?"

이렇게 소셜미디어 기업도 콘텐츠를 '선택하고 편집할 권리'가 있다는 거죠. 표현의 자유와 기술 규제라는 두 거대한 가치가 법정에서 맞붙게 된 거예요.

이 판결, 그냥 뉴스거리로 끝날 일이 아닙니다. 누구의 손을 들어주느냐에 따라 앞으로 빅테크가 우리 콘텐츠를 어떻게 조정할 수 있을지, 정부가 어디까지 개입할 수 있을지가 완전히 달라질 수 있거든요.[12]

그런데 참 어려운 문제긴 합니다. 정부 규제를 너무 세게 하면 지금껏 미국을 먹여 살린 기술 혁신이 꺾일 수도 있고, 반대로 규제를 안 하면 소비자 권리와 시장 경쟁이 제대로 보호받지 못할 수도 있으니까요.[13]

누군가는 이렇게 말합니다. "규제? 그거 하면 경쟁자인 중국 기업만 좋아하겠죠."

그 말에 반박하며 또 누군가는 이렇게 말합니다. "그럼 시장은 누가 지켜줍니까?"

자본주의는 본질적으로 정체되어 있지 않고 끊임없이 변화하는 것이 가장 큰 특징입니다. 이러한 변화를 일으키는 핵심 동력이 바로 혁신이고요. 혁신은 새로운 제품, 새로운 생산 방식, 새로운 시장, 그리고 새로운 비즈니스 조직을 통해 만들어질 수 있습니다.[14] 이러한 혁신의 최전선에 빅테크가 있다는 사실은 누구도 부정할 수 없죠. 그러나 그 과정에서 여러 가지 부작용이 나타난 것 또한 사실입니다.

이제 빅테크는 정부의 규제라는 벽 앞에 서 있습니다. 그

벽을 어떻게 넘느냐에 따라 우리가 살아갈 디지털 사회의 미래도 달라질 수 있어요. 어쩌면 지금 우리는 후세의 역사에 회자될 중요한 갈림길 위에 서 있는 건지도 모르겠습니다.

'싸게 잘' 만들기 시작한 중국, 세계를 뒤흔들다

"중국 전기차 타봤어? 장난 아니더라."

최근에 상하이에 다녀오고 나서 제가 주변 사람들에게 한 말입니다. 사실 중국 여행 가기 전에는 큰 기대를 안 했거든요. '사람들 엄청 많겠구나' 정도만 생각했죠.

하지만 막상 상하이에 도착해보니 도로에는 처음 보는 전기차 모델들이 가득하더라고요. 디디DiDi 앱으로 차량을 호출할 때마다 매번 다른 종류의 전기차가 온 덕분에, 다양한 브랜드의 전기차를 직접 비교하면서 타볼 수 있었죠. 제가 탔었던 중국 전기차들은 조용하고 매끄러운 주행, 넓고 세련된 실내, 대형 디스플레이의 인포테인먼트 시스템까지 매우 인상적이었습니다.

'중국산'이라고 하면 한때는 싸고 조악하다는 이미지를 떠올리는 사람이 많았죠. 그런데 이제는 오히려 "어? 이거 진짜 중국 제품이야?" 하고 다시 보게 돼요. 오늘날 중국 제품은 가격만 싼 게 아니라 성능도 괜찮고, 디자인도 세련되고, 기술도 기대 이상이라는 평가를 받고 있죠.

혹시 스마트폰 앱 '테무'나 '쉬인'에서 옷이나 생활용품을 주문해본 적 있으신가요? 의외로 품질이 괜찮고, 가격은 놀랄 만큼 저렴한데 배송도 빠릅니다. "이 가격에 이 퀄리티 실화냐?"라는 말이 저절로 나오죠. 한마디로 중국은 지금 '싼 맛에 사는 나라'에서 '잘 만들어서 놀라는 나라'로 변신 중이에요. 그리고 그 배경에는 이름부터 야심 찬 전략 하나가 있었습니다.

바로 '제조 2025 Made in China 2025'입니다. 이건 단순히 제조업을 키우자는 차원이 아니에요. 반도체, 전기차, AI, 로봇, 항공 같은 미래 산업 분야의 글로벌 기술시장에서 주도권을 잡겠다는 큰 그림이죠.

이번 장에서는 중국의 그 야심이 어떻게 우리의 일상까지 스며들고 있는지, 그리고 왜 이 흐름을 눈여겨봐야 하는지를 한

번 살펴보려고 합니다.

반도체 자립을 향한 중국의 야심

2015년, 중국 정부는 이름부터 야심 찬 '제조 2025' 선언을 합니다.[1] 핵심 메시지는 바로 이것이었어요.

"언제까지 '세계의 공장'으로만 남아 있을 거야? 이제는 퀄리티로도 승부를 본다!"

그때까지만 해도 중국은 제조 규모로는 세계 1위였지만, 품질 면에선 고개를 갸웃하는 시선이 많았습니다. 중국은 이걸 정면 돌파하겠다고 나선 겁니다. 그리고 그 중심에 놓인 게 바로 반도체였어요.

왜 하필 반도체냐고요? 생각해보세요. 인공지능, 자율주행차, 드론, 5G, 스마트시티…. 요즘 떠오르는 모든 미래 기술의 심장에 반도체가 들어가기 때문이에요. 반도체 없이 돌아가는 첨단 기술은 거의 없다고 해도 과언이 아닐 정도죠. 그런데 중국은 그 중요한 반도체를 대부분 수입에 의존하고 있었답니다. 당연히 반도체 때문에 무역 적자는 늘어만 갔죠. '제조 2025'는 바

로 이 수입 의존 구조를 바꾸자는 포부의 선언이기도 했습니다.²

그렇게 중국 정부는 2015년 이후 엄청난 돈을 쏟아붓기 시작했어요. 설계부터 생산까지, 국가가 나서서 생태계를 키우겠다는 거였죠. 곧 효과가 나타나기 시작했어요. 2010년대 중반 이후, 중국 반도체 기업들의 매출이 두 배 이상 뛰었고, 반도체를 설계하는 팹리스fabless 회사들도 늘고, 생산 단지도 여기저기 생겨났어요. 싼 맛에 만드는 반도체 말고, 고부가가치 반도체 쪽으로도 조금씩 진입하는 모습이었죠.³ 물론 아직 갈 길은 멀지만, 분위기는 달라졌어요. "우리도 이제 반도체로 승부를 볼 수 있겠구나" 하는 희망이 생겼죠.

그런데 중국 반도체의 거침없는 질주에 갑자기 앞길을 가로막는 커다란 바위 하나가 튀어나왔습니다. 바로 미국이에요. 미국은 중국이 반도체 기술을 가져다 군사용으로 쓰진 않을까 잔뜩 경계하고 있었거든요. AI 기반의 무기 시스템, 미사일, 슈퍼컴퓨터, 전투기, 드론, 통신장비…. 이런 게 반도체 없이는 돌아가지 않으니까요. 미국은 이렇게 생각했어요.

"제조 2025? 그거 겉으로는 산업정책처럼 보이게 해놓고 실제로는 군사 전략인 거 아냐?"

그 순간부터 분위기가 달라졌어요. 이제는 기술도 '무기'로 인식하게 된 셈이죠.

　미국은 즉시 반도체의 혈관을 옥죄기 시작했어요. 반도체 공급망을 쪼개보면 설계 → 장비 → 소재 → 제조 이렇게 네 덩어리로 나뉘는데, 미국은 이 중 가장 앞에 있는 설계 부분에서 거의 독보적 위치를 차지하고 있습니다. 그리고 중국은 아직 이 부분에선 미국 기술에 의존할 수밖에 없어요. 반도체 하나를 제대로 설계하려 해도, 미국 소프트웨어를 써야 하거든요. 그런데 미국이 수출도, 기술 이전에도 '노No'를 해버리니까 중국 입장에선 시작도 못 해보는 상황이 된 거죠.

　여기서 끝이 아니에요. 미국은 다른 나라들도 끌어들였어요. 네덜란드의 ASML, 대만의 TSMC 같은 세계 반도체시장의 키 플레이어들이 줄줄이 등장하죠. 특히 ASML에 주목해야 합니다. 이 회사가 만드는 EUVextreme ultraviolet 노광 장비가 진짜 핵심이거든요.

　왜냐고요? 초미세공정, 그러니까 아주 작은 공간에 수많은 트랜지스터들을 쌓으려면 빛으로 정밀하게 회로를 새기는 포토리소그래피photolithography라는 기술이 필요해요. 그리고 이걸 해내는 마법의 도구가 바로 EUV 장비인데,[4] 이 장비를 전 세계에서 딱 한 곳, ASML만 만든다는 거예요. 게다가 그 장비 안에는 미국 기술이 들어가 있죠. 그러다 보니 미국이 "중국에 이거 팔지 마" 하면 ASML도 "네, 알겠습니다" 해야 하는 상황인 겁니다.

이렇게 되자 중국은 난처해졌어요.

"반도체 자립이 목표인데… 핵심 장비를 못 사면 어떡하지?"

그러니까 지금 중국 반도체 산업이 처한 상황은 이런 겁니다. 야심 차게 등산을 시작하긴 했는데 로프, 아이젠, 지도까지 전부 미국한테 빌려야만 하는 거죠. 미국이 "그거 이제 못 써"라고 말하는 상황이고요.

여기서 또 하나 중요한 키워드인 파운드리 foundry가 등장해요. 쉽게 말해서, '반도체 공장'인데요. 설계는 설계 전문 회사가 하고, 그걸 받아서 실제로 반도체를 찍어내는 곳이에요. 세계 최대의 파운드리 기업은 대만의 TSMC입니다. 대만의 자존심이자 전 세계 반도체 생산의 허브 같은 존재죠. 하지만 이 TSMC도 미국 눈치를 봐야 해요. 왜냐하면 TSMC가 만드는 반도체 안에도 미국 기술이 다수 들어가기 때문입니다. 미국 정부가 "이건 중국에 수출하면 안 돼"라고 하면? TSMC는 고개를 끄덕여야 하는 거예요.[5]

결국 중국의 기업들은 TSMC에 최첨단 반도체 생산을 맡기기 어려워졌어요. 제품 개발에도 차질이 생기겠죠. 특히 AI, 자율주행, 첨단 스마트폰처럼 높은 성능의 반도체가 필요한 분야에선 더더욱 말이죠. 이쯤 되면 중국 입장에선 억울할 법도 합니다. "우리도 이제 막 따라잡으려고 뛰고 있는데, 발목을 딱 잡아버리네?" 싶은 마음이겠죠.

그럼에도 불구하고 중국은 쉽게 포기하지 않았습니다. 대표적인 사례가 화웨이Huawei예요. 미국의 제재로 큰 타격을 입었지만 그냥 무너지지 않았죠. 화웨이는 자국 파운드리 기업인 SMIC와 손잡고 다시 첨단 반도체 생산에 도전장을 내밉니다. 게다가 반도체라는 게 단일 품목이 아니라 설계, 장비, 소재, 생산 등 말 그대로 '생태계'가 필요하잖아요? 중국은 지금 이 생태계를 통째로 키우는 중이에요. "미국 기술 없어도 우리끼리 해보자"는 생각이죠.

이에 중국 정부도 팔을 걷고 나서 자금, 인력, 장비 등 필요한 모든 걸 쏟아붓고 있는 중입니다. "국산화? 좋아. 될 때까지 해보자." 지금 중국은 말 그대로, 반도체 자립을 향한 풀세트 플랜을 가동 중이라고 할 수 있죠.[6]

반면 첨단 반도체는 막혔지만 비교적 덜 정교한 성숙 공정mature node 분야에서는 중국이 꽤 잘 나가고 있어요. 예를 들면

TV, 냉장고, 자동차처럼 '똑똑한 두뇌'까진 필요 없지만, '똑소리 나게 일 잘하는' 반도체들이 들어가는 곳이 많아요. 이런 제품에 들어가는 반도체는 최신 스마트폰용처럼 미세 공정을 요구하진 않죠. 바로 이 시장에서 중국이 존재감을 키우고 있답니다. 앞으로도 이쪽 분야에선 중국산 반도체의 비중이 더 커질 거라고 예상할 수도 있고요.[7]

미·중 반도체 전쟁이 한국에 미치는 영향

생각해보면 그동안의 반도체 공급망은 아름다운 예술 작품에 가까웠습니다. 자유시장의 '보이지 않는 손'이 바느질하듯 짜놓은 고운 그물, 그 위에 각국 정부의 든든한 지원이 촘촘히 더해지면서 탄생한 정교한 글로벌 네트워크였거든요. 이 시스템은 동아시아를 비롯해서 미국과 유럽을 아우르며 각자의 역할과 강점을 살려 오랜 시간 유지되어왔습니다.

이 네트워크가 지금 미·중 갈등이라는 큰 지진을 만나면서 조금씩 금이 가기 시작했어요.[8] 경제학적으로 보면 이건 꽤 걱정스러운 신호입니다. 한 나라의 전략보다 중요한 건 '글로벌 공

급망의 안정성'일 때가 많거든요. 지금 그 섬세한 균형이 깨지고 있다는 게 문제인 거죠.[9]

그렇다면 미·중 반도체 전쟁은 우리에게 어떤 파장을 일으킬까요?

먼저 한 가지 질문부터 해볼게요. 우리나라가 반도체를 가장 많이 수입하는 나라, 어디일 것 같으세요? 대만? 일본? 정답은… 중국이에요. 2020년 기준으로 우리나라 반도체 수입에서 중국이 차지하는 비중은 무려 31.2퍼센트, 단연 1위랍니다. 대만이 20.4퍼센트, 일본이 13.6퍼센트인 걸 보면 꽤 차이가 나죠.

"아니, 우리가 중국에서 반도체를 사온다고?" 의아하게 들릴 수도 있을 겁니다. 하지만 알고 보면, 국내 기업들이 만든 반도체를 중국에서 가공한 다음 다시 들여오는 경우가 많아요. 쉽게 말하면, 반도체 앞단은 한국에서 만들고, 뒷단은 중국에서 다듬는 셈이죠. 즉, 우리 반도체 산업은 공급망 차원에서 중국과 촘촘히 연결돼 있다는 이야기입니다.[10]

그럼 반대로, 우리가 반도체를 가장 많이 파는 나라는 어디일까요? 네, 역시 중국이랍니다. 2020년 기준, 수출 비중이 43.2퍼센트나 돼요. 게다가 홍콩까지 더하면 60퍼센트를 훌쩍 넘죠. 우리나라의 반도체 산업은 말 그대로, 중국이라는 시장에

기대어 돌아가고 있다고 해도 과언이 아닙니다.[11]

여기서 만약, 미·중 갈등이 심화되어 중국과의 반도체 거래가 막힌다? 상상만 해도 아찔합니다. 중국이라는 최대 고객이 사라지면 당연히 기업 수익이 줄고, 투자 여력도 줄어들어요. 결국 산업 전체의 경쟁력까지 흔들릴 수 있죠. 특히 반도체는 연구·개발에 들어가는 돈이 어마어마하다 보니 투자가 한 번 끊기면 따라잡기도, 유지하기도 힘듭니다.

문제는 수출만이 아니에요. 수입도 마찬가지예요. 후공정이나 조립, 테스트처럼 중국과 엮인 공급망이 무너지면 그 공백을 메우기 위해 대체 생산처를 찾고, 연결망을 새로 짜야 합니다. 하지만 그건 시간과 비용이 다 따라붙는 일이에요. 기업 입장에서는 이중고에 직면하게 되는 셈이죠.

'싸게 파는 나라'에서 '유통 질서를 바꾸는 나라'로

한편, 비록 반도체에서는 발목이 잡혔지만, 중국의 '제조 2025'는 그 자체로 꽤 성공적인 항해를 이어가고 있습니다. 2024년 4월 기준으로 목표의 약 86퍼센트를 달성했다고 평가하고 있으니, 꽤 놀라운 숫자죠. 전기차나 태양광 같은 분야는 이미 목표를 초과한 상태입니다. 예를 들어, 전기차는 원래 2025년까지 연간 300만 대 판매가 목표였는데, 2023년에만 무려 1,000만 대를 팔아치웠어요. 그중에서 BYD 혼자만 300만 대 이상을 찍어냈죠. 중국은 일본을 제치고 세계 최대의 자동차 수출국의 자리에 오르게 됐습니다.[12]

대체 중국 정부는 어떻게 이런 일을 해냈을까요? 비결은 보조금과 저금리 대출 그리고 값싼 땅입니다. 즉, 밀어줄 건 확실하게 밀어줬다는 얘기죠. 그 결과 중국산 태양광 패널과 배터리는 세계 시장을 꽉 잡았고, DJI는 전 세계 소비자용 드론 시장의 대부분을 점유하게 됐어요.[13]

더 놀라운 건 AI와 로봇 쪽이에요. 중국 스타트업 딥시크 DeepSeek가 자국 인력만으로 챗GPT와 유사한 모델을 개발했다는 뉴스, 들어보셨을 겁니다. 휴머노이드 로봇 분야에서는 전 세계 특허 출원 수 1위를 달리고 있어요. 중국이 5,688건, 미국은 1,483건으로 중국이 압도적이죠. 실제로 판매 중인 중국산 휴머노이드 로봇 '유니트리 G1'은 미국산 부품 없이 완전 자급으로 만들어졌다고 해요. 이쯤 되면 '로봇계의 BYD'라는 말도 나올

법합니다.[14]

여기에 에너지까지 챙기는 중국이랍니다. AI는 전기를 많이 먹어요. 이를 대비해 중국은 이미 고효율 석탄, 태양광, 차세대 원자력, 초장거리 송전망까지 확보하며 AI 생태계의 에너지 백업도 착실히 준비 중에 있습니다.[15]

한편, 중국은 첨단 산업뿐만 아니라 초저가 상품 영역에서도 경쟁력을 확보했어요. 대표적인 예가 알리익스프레스, 테무, 쉬인인데요. 요즘은 앞 글자만 따서 '알테쉬'라고 하나의 조어처럼 부르더라고요. 알테쉬는 마치 한 팀처럼 전 세계를 휩쓸며 소비자들을 끌어들이고 있어요. 중국은 이런 플랫폼들을 앞세워 글로벌 이커머스 시장을 장악 중이죠. 그 뒤에는 다음과 같은 세 가지 무기가 있습니다.

- 싼값에, 빠르게, 무엇이든 대량으로 만들어낼 수 있는 제조 역량
- 전쟁터처럼 경쟁이 치열한 내수시장에서 갈고 닦은 전자상거래 기술력
- 싸고 빠르며 유연한 글로벌 배송 시스템

이 세 가지가 바로 중국의 초저가 직구를 가능하게 만든 비

밀 병기라 할 수 있습니다.[16] 이쯤 되면 다른 나라 기업들이 당황할 수밖에요.

"이 가격에 어떻게 팔지?"

"이 배송 속도 실화야?"

기존에 비슷한 제품을 팔던 소상공인들은 제대로 경쟁이 안 되는 상황에 내몰렸어요. 게다가 알테쉬를 통한 구매는 관세도 면제되는 경우가 많아서 더더욱 불만이 커졌죠.

결국 또 미국이 나섰습니다. 수십 년 동안 유지돼온 소액면세 혜택 de minimis 을 없애기로 하고, 거기에 중국산 제품엔 추가 관세를 부과하기로 했어요. 이렇게 되면 어떻게 될까요? 지금까지는 '싸고 빠르게'가 핵심 매력이었는데, 앞으론 비싸고 느려질 수도 있다는 얘기겠죠.[17]

미국의 이러한 무역 규제를 피하기 위해 테무와 쉬인은 유럽 시장으로 방향을 트는 중입니다. 하지만 유럽도 가만히 손 놓고 있지는 않아요. 이들을 겨냥해서 제품 안전과 소비자 보호와 관련된 규제를 더 강화하거나, 저가 소포에 대해 수수료를 부과하는 방침 등을 검토하는 중입니다.[18]

우리나라에서도 알테쉬가 판매하는 제품들의 안전성 문제에 대한 우려가 지속적으로 제기되고 있는데요.[19] 세금부터 공정 경쟁과 안전성 이슈까지, 앞으로 알테쉬를 향한 각국의 견제는 더 심해질 것으로 예상됩니다. 과연 알테쉬는 이러한 도전에 어떻게 대응해 나갈까요?

결과가 어떻게 되든 우리는 한 가지 분명한 사실을 기억해야 합니다. 알테쉬는 '그냥 싸게 파는 중국 앱'을 넘어 전 세계 유통 질서를 바꿔 나가는 중요한 플레이어가 되었다는 사실을 말이에요.

중국발 기술 혁신이 가져올 양날의 검

딱 10년 전이었죠. 중국이 야심 차게 제조 2025를 꺼내들며 "이제 양이 아니라 질로 승부를 보겠다!"고 선언했던 때가요. 많은 나라가 "진짜 될까?" 하는 의심의 눈으로 이를 지켜봤습니다. 그리고 10년이 지난 지금, 중국은 분명 꽤 많은 걸 이뤄냈어요. 정부는 아낌없이 돈을 풀었고, 연구소엔 지원이 쏟아졌으며, 유망한 인재들은 국가 프로젝트에 뛰어들었죠.[20]

문제는 사람들이 지갑을 닫았다는 거예요. 코로나19에 부동산 침체까지 겹치면서 중국의 내수시장은 얼어붙었고, 기업들은 물건이 안 팔리자 가격을 낮춰서라도 수출을 하기 시작했습니다.

그렇게 중국 제품들이 싼값에 쏟아져 들어오자 전기차부터 철강, 배터리, 석유화학, 유통까지 전 세계가 한목소리로 말했어요. "이러다 우리 산업 기반이 무너지는 거 아냐?"라고요.[21]

이런 중국의 수출 중심 성장 전략은 결과적으로 많은 국가와의 무역 분쟁과 규제를 촉발시켰습니다. 무역 마찰을 피하기 위해서라도 중국은 '싸고 많은 물건만 파는 나라'에서 탈피하려고 하고 있어요. 기술 주도권을 잡기 위해 '고부가가치 산업'에 힘을 쏟고, 저가 대량생산에서 벗어나 인공지능, 전기차, 반도체 같은 첨단 기술을 무기로 글로벌 무대에서 제대로 한 판 붙겠다는 거죠.

이 변화는 세계 경제에 양날의 검이 될 수 있습니다. 좋은 쪽으로 보자면, 중국발 기술 혁신은 글로벌 공급망 전반의 기술 수준을 한층 끌어올릴 수 있어요. 중국이 막대한 자본을 투자해 기술 생태계를 넓히면 그만큼 세계 전체의 기술 경쟁력이 올라가고 소비자들은 더 다양하고 질 좋은 제품을, 그것도 저렴한 가격에 만나게 되겠죠.

하지만 반대편에는 갈등의 씨앗도 자라고 있습니다. 중국이 첨단 분야에 본격적으로 뛰어들면 기존의 기술 강국들과 정면 충돌이 불가피해지거든요. 결국 미국, 유럽, 일본 같은 나라들이 자국 산업을 지키기 위해 규제 카드를 꺼내들 수 있고, 그 과정에서 또다시 무역 갈등이 불붙을 수 있어요. 더 나아가 기술 표준을 누가 주도할지를 놓고 진영 싸움이 벌어지고, 그게 공급망 단절 같은 리스크로 이어질 수도 있죠.

'제조 2025'를 이을 중국의 다음 스텝은 세계 경제에 기회와 긴장을 동시에 안겨줄 거예요. 이 흐름을 협력의 기회로 삼을지, 갈등의 도화선으로 만들지는 각국의 선택에 달려 있답니다. 특히 기술도, 시장도, 공급망도 중국과 깊게 얽혀 있는 우리나라는 그 어느 나라보다 더 민감하게 반응해야 할 위치에 있죠.

변화의 파도는 이미 출렁이며 다가오고 있어요. 그 파도에 휩쓸릴지, 아니면 올라타서 더 멀리 나아갈지 이제 우리의 전략이 답해야 할 차례인 것 같네요.

활용하거나 대체되거나, AI 시대 내 일의 미래는?

얼마 전 눈길을 확 사로잡는 소식을 들었습니다. 새로 개발된 AI 모델이 신약 개발에 필요한 후보 물질을 빠르게 찾아내는 방법을 제시했다는 거였습니다.

예전에는 이 과정에 수년이 걸릴 수도 있었는데, 이제는 1초 만에 수천 개의 분자를 만들어내서 시간을 획기적으로 줄일 수 있게 된 거죠.[1] 정말 엄청나지 않나요?

챗GPT를 개발한 오픈AI의 창업자인 샘 올트먼Sam Altman은 도널드 트럼프Donald Trump 대통령의 두 번째 임기 내에, 매우 숙련된 인간이 하는 일을 대체할 수 있을 정도의 AGI artificial general intelligence(범용인공지능)가 개발될 가능성을 언급한 바 있습니다.² 이렇게 되면 한때는 공상과학 영화에서나 보던 일이 실제 우리의 일상 속으로 들어오게 될 거예요. 편리해서 좋긴 하겠지만 한편으로는 묘하게 불안하죠.

'혹시 내 일자리도 위험한 건 아닐까?'

'앞으로 무슨 일을 해야 AI한테 안 밀리지?'

우리 주변에선 이미 많은 변화가 일어나고 있는 중입니다. 운전기사 없는 자동차가 실제 도로를 달리고, 로봇이 배달도 해주고, 유튜브 썸네일도 AI가 만들어요. 회사에선 사람을 뽑는 대신 자동화 솔루션을 도입하고, 글쓰기나 디자인도 한 사람의 전문가 대신 '한 줄의 프롬프트'가 대체하고 있죠.

코로나19 팬데믹은 이런 변화를 더 앞당겼습니다. 이제는 AI, 로봇, 자동화가 본격적으로 '노동의 미래'를 다시 쓰고 있는 상황입니다. 어떤 직업을 선택할지, 앞으로의 소득이 얼마나 안정적일지, 나아가 우리 삶의 방식과 라이프스타일까지 바꿔놓고 있는 것이죠.

이 장에서는 그 변화의 흐름 속에서, 우리에게 어떤 기회와 도전이 기다리고 있는지, 그리고 지금 무엇을 고민하고 준비해야 할지를 함께 살펴보도록 하죠.

'직업의 판'이 바뀐 시대, 새로운 일의 방식

요즘 이런 생각해본 적 있으세요?

'나, 이 일 계속 해도 괜찮을까?'

'앞으로도 이 직업, 존재하긴 할까?'

지금 우리는 말 그대로 직업의 풍경이 급격히 바뀌는 시대의 한가운데 서 있는 듯합니다. 예전엔 말이죠. 어느 회사에 들어가서 한 우물을 파면 '아, 나는 이 길로 쭉 가겠구나' 하는 은퇴까지의 그림이 쫙 그려졌어요.

지금은 어떤가요? 그 우물이 어느 날 갑자기 없어지거나 옆에 AI라는 기계가 함께 우물을 파는 시대가 됐습니다. 요즘 일터에서 제일 많이 들리는 말 중 하나가 뭔 줄 아세요? "이제 이건 사람이 안 해도 되겠다"는 말이에요. 무섭죠? 더 무서운 건 그 말이 농담이 아니라는 거예요.

또 하나의 변화가 있습니다. 앱 하나 켜고 일감을 찾는 긱 이코노미gig economy의 확산이죠. 예전 같았으면 "그게 무슨 직업이야?" 했을 일들이 이젠 당당히 직업 리스트에 올라와요. 어디 소속도 없고, 출근도 없고, 그때그때 계약을 맺고 일하는 거죠. 물론 자유롭고 유연한 대신 그만큼 불안하기도 하죠.

정규직? 평생직장? 이젠 이런 단어들의 색깔이 예전보다 좀 옅어진 시대입니다. 지금은 누구든, 언제든, 일의 방향을 바꿔야 할 수도 있는 시대가 된 것 같아요. 직업이란 게 '한 번 고르면 끝'이 아니라 '계속 다시 고를 줄 알아야 하는 것'으로 바뀌고 있는 거죠.

그리고 이건 어떤 직업이 생기고 사라지느냐를 뛰어넘는 문제입니다. 직업이 바뀌면 단순히 하는 일만 바뀌는 데서 그치지 않고, 삶 전체의 설계도를 다시 짜야 하거든요. '어떤 일을 해야 할까' '그걸로 계속 먹고 살 수 있을까' '지금 사는 동네를 떠나야 할까' 같은 고민이 따라붙기 마련입니다.

이런 거대한 변화의 시작은 여러분도 잘 아시다시피 바로 코로나19 팬데믹이었습니다. 기억나시죠? 식당이 문을 닫고, 매장 불이 꺼지고, 사람들은 다 집에 틀어박혀 있던 그 시절 말이에요. 2019~2022년 사이 미국의 노동시장에서만 860만 명이 직업을 바꿨어요. 이전 3년보다 무려 50퍼센트나 늘어난 수치죠.[3] 말하자면, 아예 판 자체가 바뀌어버린 거예요.

예를 들어볼까요? 미국에서는 펜데믹으로 식당이 문을 닫자 요리사, 서버, 바리스타들이 줄줄이 일자리를 잃었어요. 다시 문을 열었을 땐 이미 다 떠나버린 뒤였죠. "이제 괜찮아졌으니까 돌아오세요"라고 했지만, 사람 구하기가 예전 같지 않았죠. 오프라인 매장도 사정은 비슷했어요. 고객이 없으니 직원도 줄고, 그 사이 사람들은 온라인 쇼핑에 익숙해졌어요. 결국 매장 중심의 소비는 예전 수준으로 돌아가지 않았고, 일자리도 그만큼 회복되지 않았죠.

이 와중에 조용하지만 엄청난 속도로 퍼진 변화의 흐름이 있었어요. 긱 이코노미의 폭발적인 성장이었습니다. 이미 존재하던 개념이었지만, 팬데믹을 계기로 그 규모와 영향력이 완전히 달라진 거예요. 앱을 켜고 운전이나 배달을 수행하며 건별로 보수를 받는 형태의 일자리가 급증했죠. 2020년 미국에서는 약 210만 명이 긱 이코노미에 진입했고, 1년 뒤엔 그 수가 310만 명으로 껑충 뛰었어요. 주로 음식 배달이나 운송 분야를 중심으로요.[4]

그리고 잊을 수 없는 또 하나의 변화는 바로 재택근무였어요. 줌으로 회의하고, 노트북으로 보고서를 써서 보내고, 다들 한 번쯤 경험했을 '상반신은 셔츠, 하반신은 반바지'로 일하던 장면들 말이에요. 생각보다 괜찮았죠? 출퇴근 시간이 줄고, 사무실 스트레스가 줄면서, 워라밸이란 것도 처음 느껴보고 말이에요. 물론 불편한 점도 있었지만 그전엔 상상도 못했던 새로운 일의 방식이 이렇게 갑자기, 그러나 자연스럽게 우리 일상에 들어온 거예요.

그런데 말이죠. 얼마 안 되어 팬데믹보다 더 강력한 게 찾아왔어요. 조용하게, 하지만 훨씬 더 깊고 빠르게 노동시장을 흔들고 있는 존재. 바로 AI입니다.

2022년에 처음 챗GPT가 나왔을 때만 해도 다들 물개박수를 치며 "와, 진짜 똑똑하네!" 하고 신기하게 바라봤습니다. 그런데 그 도구가 이제는 슬금슬금 우리의 일자리 영역으로 들어오고 있어요. 회의록 정리부터 마케팅 문구 작성, 기획서 초안 만들기까지. "그거 내가 하던 일인데?" 싶은 작업들을 AI가 꽤 매끄럽게 해내기 시작했거든요.

역설적이게도, 팬데믹 덕분에 가능해졌던 원격 근무나 디지털 기반의 직무들이 이제는 오히려 AI에게 가장 먼저 대체될 위험에 놓이게 됐어요. 반대로 몸을 써야 하는 일, 현장에 꼭 가야만 가능한 일은 상대적으로 AI의 영향권 바깥에 남게 되었죠.[5]

챗GPT가 등장한 이후, 실제로 프리랜서 시장은 즉각 반응했어요. '이거 좀 이상한데?' 싶을 정도로 빨리 말이죠. 한 연구에서 2021년부터 2023년까지 전 세계 프리랜서 플랫폼에 올라온 140만 개의 구인 공고를 분석해보니, 자동화 가능성이 높은 직무들의 수요가 눈에 띄게 줄어든 것으로 나타났어요.[6]

가장 먼저 타격을 입은 분야는 글쓰기였어요. 이와 관련된 일자리 공고가 무려 30퍼센트나 감소했어요. "그냥 GPT가 초안 써주면 되잖아"라는 말이 실제로 고용을 줄이는 이유가 된 셈이죠. 그다음은 소프트웨어·앱·웹 개발 분야예요. 코드를 기가 막히게 짜는 AI가 나오면서 이쪽도 구인 공고가 20퍼센트 줄어들었습니다. 디자인, 일러스트, 3D 모델링 같은 비주얼 작업도 미드저니Midjourney나 달리DALL·E와 같은 툴의 등장으로 프리랜서 수요가 17퍼센트나 줄었어요.[7]

그런데 더 주목할 부분은 따로 있습니다. 이게 결코 단발성 충격이 아니라는 거죠. '조금 있다가 다시 늘어나겠지' 싶은 기대와 달리, 해당 분야의 일자리는 여전히 회복되지 않고 있어요. AI가 바꿔놓은 일자리의 흐름, 이제는 되돌릴 수 없는 방향이 된 걸지도 모르겠습니다.

우버 기사님들도 이제 긴장하고 있어요. 왜냐고요? 운전석에 사람 한 명 없이 달리는 웨이모Waymo의 자율주행 택시가 이미 샌프란시스코의 도로를 누비고 있으니까요. 처음엔 "설마 진짜 운전기사 없이 탄다고?" 싶었던 이 풍경이 이젠 현실이 되어버렸죠. 운전석에 사람이 '없다'는 건, 곧 일자리가 '없어진다'는 말이기도 합니다. 긱 이코노미의 상징처럼 여겨지던 우버 기사들도 지금은 AI라는 경쟁자를 마주하고 있어요.

하지만 그렇다고 해서 "AI가 일자리 다 빼앗는다"는 말은 좀 과장일지도 몰라요. AI가 당장 모든 직업을 통째로 대체하지는 못하니까요. 대신 일을 나눠서 하거나, 일하는 방식을 바꿔버리죠. 예를 들어 서류 정리, 예약 관리, 데이터 입력, 전표 처리 같은 일들은 AI가 훨씬 빠르고 정확하게 해낼 수 있어요. 그래서 이런 업무가 많은 직종들은 앞으로 조금씩 줄어들 가능성이 크죠. 반면에 사람을 상대하는 일은 조금 다릅니다. 아이를 가르치거나 환자를 돌보는 일 혹은 창의적으로 문제를 해결해야 하는 직업군에서는 AI가 보조는 될 수 있어도 주인공이 되긴 어려울 것 같아요.[8]

AI 얘기만 해도 벅찬데, 여기에 로봇까지 합세하면 어떨까요? 요즘 공장 가보면 팔 하나쯤은 로봇이에요. 자동으로 박스를 포장하고, 물건을 옮기고, 심지어 요리도 하죠. 특히 건설, 농업, 채굴, 제조, 운송 같은 분야는 반복적이고 규칙적인 작업이 많아서 로봇의 침투가 훨씬 빠릅니다.9 무거운 거 들고, 같은 작업 계속 반복하고, 위험한 환경에서 일하고… 이런 일은 사람보다 로봇이 더 잘하잖아요.

그럼 이쯤에서 이런 질문이 나올 수 있을 것 같네요. "이러다가 우리 전부 일자리 잃는 거 아닌가요?"라는 질문이요. 그런데 꼭 그렇지는 않습니다. 여기서 관건은 바로 '수요의 가격 탄력성elasticity'이거든요.*

예를 들어볼게요. 옛날에 방직기가 처음 나왔을 때, 사람들은 다 놀랐습니다. "이거 다 기계가 해버리면 사람들은 뭐 해먹고 살지?" 싶었죠. 하지만 방직기 덕분에 옷값이 확 내려가니까 다들 옷을 더 많이 사지 않겠어요? 결국 섬유 산업과 관련된 다양한 분야에서 사람 뽑을 일이 더 많아졌죠. 물론 모든 산업이 다 그런 건 아닙니다. 가령 세탁기가 반값이 됐다고 해서 갑자기 집에 같은 세탁기를 두세 대씩 들이는 사람은 없잖아요? 즉 아무리 자동화를 통해 생산 단가가 내려가도, 소비가 그만큼 따라

* 탄력성은 가격 변화에 따른 수요의 변동 정도를 나타내는 개념입니다. 즉, 가격이 오르거나 내릴 때, 소비자의 수요가 얼마나 민감하게 반응하는지를 나타냅니다. 탄력적(elastic) 수요는 가격이 조금만 내려가도 수요가 크게 증가하는 경우를 말합니다. 반면, 수요가 비탄력적(inelastic)일 때는 가격이 내려가도 수요가 크게 변하지 않습니다.

주지 않으면 일자리는 늘지 않는 거죠. 요점은 사실 이겁니다.

"그 산업의 수요가 가격에 얼마나 민감한가에 따라, 자동화가 고용을 늘릴 수도 있고 줄일 수도 있다."

다시 말해, 자동화가 기존 산업에서 인간을 대체하는 역할만 한다면 고용이 감소하지만, 새로운 산업을 만들고 새로운 수요를 창출한다면 일자리는 증가할 수 있는 거죠.[10]

예전에 미국에는 전화 교환원이라는 직업이 있었어요. 전화를 걸면 누군가가 수동으로 연결해줘야 했거든요. 특히 여성들에게는 꽤 흔한 직업이었고요. 하지만 1920년대부터 상황이 바뀌기 시작했어요. AT&T가 "이제 사람이 아니라 기계로 연결하자"며 기계식 스위칭 시스템을 도입한 거예요. 결과는? 자동화가 시작된 도시들부터 전화 교환원 자리가 빠르게 줄어들었죠. 그리고 10년쯤 지나 추적해보니, 그 일을 하던 분들 대부분은 같은 일을 계속할 수 없었고, 많은 경우 더 임금이 낮은 일로 옮기거나 아예 일을 그만둬야 했다고 해요.

여기에 흥미로운 반전이 하나 있습니다. 그렇게 일이 사라졌다고 해서 전반적인 여성 고용률이 줄어든 건 아니었다는 사실입니다. 오히려 사무직이나 서비스직 같은 새 일자리가 빠르게 늘면서, 전반적인 고용은 꽤 안정적으로 유지됐지요. 예를 들어, 예전엔 전화국이 워낙 사람을 많이 뽑다 보니 병원이나 법률 사무소에서 비서나 보조 인력을 구하기 어려웠대요. 그런데 전화국의 수요가 줄어들자, 그 인력들이 자연스럽게 다른 분야로 흘러들어가게 된 거죠.[11]

이 사례가 말하는 바는 간단합니다. 자동화가 일자리를 없애기도 하지만, 새로운 일자리를 만들어내기도 한다는 거예요. 그 과정에서 변화에 적응하지 못하면 더 낮은 임금의 일자리로 밀려나 어려움을 겪는 사람도 많아지겠죠. 그럼에도 불구하고 시장 전체로 보면 흐름이 바뀔 뿐 완전히 무너지지는 않는다는 것을 보여준 셈입니다.

한편, AI가 일자리에 어떤 영향을 줄지는 '이 직업이 얼마나 AI에 노출돼 있느냐'만 봐서는 답이 나오지 않습니다. 중요한 건 '어떻게' 노출돼 있느냐거든요. 예컨대 어떤 직업이 평균적으로 AI에 많이 노출돼 있다면? 당연히 대체될 위험이 커지겠죠. "이 일은 이제 AI가 할게요" 하면 그만인 일이 많다는 뜻이니까요. 하지만 그 직업 안의 모든 업무가 다 AI에게 넘겨질까요? 꼭 그렇진 않습니다. 가령 전체 업무 중에서 40퍼센트는 AI가 뚝딱 해낼 수 있어도 나머지 60퍼센트는 여전히 사람이 해야 할 수도 있잖아요.

이걸 노출 분산 dispersion of exposure이라고 부르는데요. 업무의 일부만 AI에게 맡기고 나머지는 사람이 계속 담당하는 방식입니다. 그렇게 되면 어떻게 될까요? 사람은 더 이상 일의 100퍼센트를 혼자 떠맡지 않아도 됩니다. 60퍼센트만 잘해도 되는 거죠. 그러면 일도 덜 힘들고, 집중도 잘 되고, 효율도 팍팍 오를 겁니다.

기업 입장에서도 생산성은 올라가고, 사람도 계속 필요하니까 고용을 줄일 이유가 없는 겁니다. 어쩌면 오히려 더 뽑을 수도 있어요. 결국 AI는 어떤 직업을 대체하기도 하지만, 어떤 직업에서는 더 스마트하게 일할 수 있도록 도와주는 존재가 될 수도 있다는 이야기예요.[12]

초성장이 만들어낼 경제와 사회의 변화

AI가 일을 잘하는 건 이제 충분히 알아본 것 같네요. 그렇다면 AI가 나라 경제에도 영향을 줄까요? 결론부터 말하자면, 그렇습니다. 그것도 아주 많이요.

우리가 흔히 말하는 '경제 성장'은 노동, 자본, 기술이라는 세 가지 축으로 굴러갑니다. 이 셋 중에서도 장기적인 성장에 가장 중요한 것이 바로 기술이에요.[13] 그럼 이제 한 걸음 더 들어가서, AI가 기술의 진보 자체를 '직접' 만들어낼 수 있다면 어떨까요? 그땐 얘기가 좀 달라집니다.

예전의 자동화는 사람이 몸으로 하던 일을 대신해주는 기술이었잖아요. 컨베이어벨트, 로봇 팔 같은 것들 말이에요. 그런데 지금의 AI는 머리를 쓰는 일, 즉 창의력·판단력·학습 같은 영역까지 들어와 있어요. 심지어 스스로 새로운 기술을 만들 수도 있고요. AI가 또 다른 AI를 만들고, 그 AI가 또 기술을 발전시키고…. 이렇게 되면 우리가 한 번도 겪어본 적 없는 속도로 경제 규모가 확 커질 수도 있다는 얘기예요. 일종의 초성장 hyper-growth 이죠.[14]

이제 여기서 중요한 질문이 하나 떠오릅니다. "그렇게 커진 경제에서 과연 '누가' 이득을 보느냐?"입니다. 〈도표 2-2〉에 나온 미국의 데이터를 보면, 노동소득(사람이 일해서 버는 돈)과 자본소득(기계가 벌어주는 돈) 비중은 오래전부터 지금까지 대체로 7:3 정도였습니다. 그런데 AI가 사람의 일까지 대신하게 되면 어떨까요? 노동소득 비중이 줄어들 수 있어요.

만약 AI가 자동화를 통해 생산성을 확 끌어올리고, 덕분에

〈도표 2-2〉 미국의 노동 및 자본소득 분배율 추이

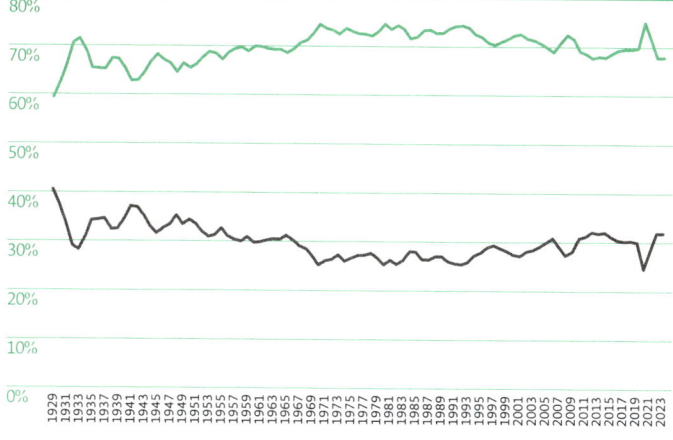

자료: U.S. Bureau of Economic Analysis, Table 1.10. Gross Domestic Income by Type of Income. (검색일: 2025.3.22.)

물건값이 저렴해지고, 사람들의 실질소득이 늘어난다면? 그건 모두에게 이득이 될 수 있겠죠. 하지만 반대로, AI가 인간을 대체하여 일자리를 없애버리기만 한다면? 사람들은 일할 기회를 잃고, 남은 일은 낮은 임금의 단순 노동뿐일 수도 있습니다.[15]

게다가 AI가 잘하면 잘할수록, 그 AI를 가진 소수 자본가의 수입은 기하급수적으로 늘어나겠죠. 문제는 이 소득이 점점 더 일부에게만 집중된다는 겁니다. 이런 상황이 계속되면 사람들은 돈이 부족해지고, 교육 기회도 줄고, 결국에는 사회 전반에 걸친 불균형과 긴장이 커질 수 있어요. 한마디로 AI는 경제를 폭발적으로 키울 수도 있지만, 그 혜택이 누구에게 얼마나 어떻게 분배되느냐에 따라 또 다른 문제가 발생할 수 있다는 거죠.[16]

지금 노동시장은 중대한 기로에 서 있습니다. 이미 코로나19 팬데믹이라는 큰 파도를 한 번 맞았고, 이제는 AI와 로봇이라는 더 큰 파도가 밀려오고 있는 상황이죠.

그런데 이 파도, 공장 라인만 흔드는 게 아닙니다. 글도 쓰고, 그림도 그리고, 코드도 짜고, 상담도 하고⋯ 예전엔 사람만 하던 영역들까지 슬금슬금 파고들고 있어요. 그래서 사람들 사이에서는 심심치 않게 이런 얘기가 나오는 겁니다.

"앞으로 살아남는 직업은 뭐야?"

"AI가 다 하면 우린 뭐 해먹고 살아?"

네, 불안할 만하죠. 실제로 반복적이고 정형화된 일은 빠르게 자동화되고 있어요. 반면 창의적이거나 감정이 필요한 일, 인간 대 인간의 소통이 필요한 일은 오히려 더 주목받기 시작했습니다. 뭔가를 '잘 이해해주고, 잘 느끼고, 잘 연결해주는 능력'은 아직 AI가 못 따라오는 영역이거든요.

그러니 무조건 비관할 필요는 없을 것 같습니다. 전화 교환원이 사라졌지만 그 과정에서 새로운 사무직이나 서비스직이 생겨났던 것처럼, AI가 없애는 일만큼이나 새로 만들어내는 일도 있다는 걸 잊지 말아야 합니다. 그리고 산업마다 반응도 달라요. AI 덕분에 뭔가를 더 싸고 빨리 만들 수 있게 되면 "와, 이거 좋다!" 하고 수요가 폭발적으로 늘면서 고용도 늘 수 있죠. 반대로 아무리 싸게 만들어도 "이건 어차피 하나만 사면 돼" 하는 제품군은 고용이 줄어들 수 있어요.

여기서 중요한 포인트 하나. 이 모든 변화의 부담이 균등하게 나뉘지 않는다는 것입니다. AI를 가진 사람은 자본소득이 점점 더 커지고, AI에 밀린 사람은 낮은 임금의 일자리나 아예 노동시장 밖으로 밀려날 수도 있어요. 가진 사람과 그렇지 않은 사람 사이의 격차가 계속 벌어지면, 사회 전체가 불안정해질 수도 있어요.

그런 의미에서, 어쩌면 이건 사회적 선택의 문제일지도 모릅니다. 우리가 어떻게 규칙을 바꾸고, 어떤 안전망을 만들고, 어떤 가치를 중심에 둘지에 따라 노동의 미래는 파국이 될 수도, 기회가 될 수도 있는 거죠.

꼭 기억하세요. AI가 정답을 알려줄 순 있어도, 어떤 질문을 던질지는 여전히 인간인 우리들의 몫이라는 것을 말입니다.

| 저출산 | 초고령화 | 경제 성장률 |

| 이주 노동 | 글로벌 사우스 | 구조조정 |

| 경제지표 | 실업률 | 경제학 |

3장

더 늙고 더 다양해진 일터, 인구 변화가 가져올 새로운 세계

현재 진행형 인구 소멸, 일할 사람들이 사라진다!

요즘 주변에서 이런 얘기, 정말 자주 들으실 거예요.

"결혼은 잘 모르겠어. 애 낳을 자신은 더 없고."

"지금 집값이랑 교육비 보면, 그냥 혼자 사는 게 제일 속 편하지."

"노후도 불안한데 아이까지 책임질 여유가 어딨어…."

이런 말들, 이제는 개인적인 고민으로만 들리지 않습니다. 지금 한국 사회, 아니 전 세계 여러 나라에서 동시에 벌어지고 있는 거대한 흐름의 일부거든요.

한국의 출산율은 세계에서 가장 낮습니다. 아이는 줄고, 노인은 늘고, 일할 사람은 빠르게 사라지고 있어요. 말하자면 지금 우리 사회는 소리 없는 지진을 겪고 있는 셈이죠.

이건 그냥 "인구가 좀 줄겠구나" 정도로 끝나지 않습니다. 일자리, 연금, 세금, 금리, 물가, 성장률, 투자수익률, 심지어 미래의 포트폴리오 전략까지 당장 우리 지갑과 직결된 거의 모든 경제 변수들이 바뀌게 되는 문제예요. 그럼, 자연스럽게 이런 질문이 떠오르죠.

"사람이 줄면 진짜 경제가 멈추는 걸까?"

"일할 사람이 줄면 남은 사람은 더 오래, 더 열심히 일해야 하는 걸까?"

"이민이나 기술 같은 대안은 정말 효과가 있을까?"

이 장에서는 이런 질문들에 답해보려고 합니다. '저출산'과 '초고령화'라는 단어가 너무 커서 멀게만 느껴졌다면, 이번엔 조금 더 가까이에서 내 이야기처럼 들어보면 좋겠습니다. 지금 벌어지고 있는 이 변화는 아주 먼 미래가 아니라 바로 우리의 '다음 10년'과 밀접하게 맞닿아 있기 때문입니다.

인구가 감소한다? 인구가 소멸한다!

현재 우리나라의 출산율이 낮다는 사실은 모두 알고 있으실 겁니다. 그럼 도대체 얼마나 낳아야 '정상'일까요?

사실 기준이 있어요. 숫자 하나만 기억해두면 됩니다. 바로 '2.1명'입니다. 이걸 대체출산율 replacement fertility rate 이라고 불러요. 한 명의 여성이 평생 동안 평균적으로 두 명의 아이를 낳으면 부모의 수인 두 명과 같아져서 부모 세대와 동일한 인구를 '유지'할 수 있는 것이죠.

그런데 굳이 이 비율이 2.0이 아니고, 2.1로 잡혀 있는 이유는 뭘까요? 병이나 사고로 성인까지 자라지 못하는 경우, 아이를 낳지 않는 사람들까지 감안했기 때문이에요. 영아 사망률이 높은 개발도상국에선 이 기준이 2.3까지 올라가기도 합니다.[1]

핵심은 간단해요. 합계출산율 total fertility rate, TFR 이 2.1보다 낮으면, 인구가 줄어든다는 얘기죠. 문제는 지금 전 세계 인구의 3분의 2가 거주하고 있는 많은 나라들이 이 기준을 충족하지 못하고 있다는 사실입니다.[2] 한국은 말할 것도 없고요.

한국의 출산율은 2022년에 처음으로 0.7대인 0.78로 떨어졌어요. 2023년엔 역대 최저치인 0.72를 기록했죠. 2024년에

0.75로 살짝 반등하긴 했지만, 이건 반등이라기보단 잠깐 숨을 돌린 정도라고 할 수 있죠.[3]

　이게 얼마나 낮은 건지 아직 감이 잘 안 오시죠? 조금 과감하게 계산해볼까요? 지금처럼 0.7대의 출산율이 유지되면 5,000만 명의 인구는 1세대 후에 1,750만 명, 2세대 후에는 612만 명, 3세대 후엔 214만 명으로 줄어들게 됩니다. 이건 그냥 감소한다기보다는, 소멸하는 수준이에요. 중세 유럽을 휩쓴 흑사병보다도 더 빠른 인구 감소 속도거든요.[4] 다만 질병이 아니라 '아이를 낳지 않는 선택'이라는 점이 다를 뿐이죠.

　하지만 이런 일은 비단 한국만의 이야기가 아닙니다. 〈도표 3-1〉에서 확인할 수 있는 것처럼, 많은 국가가 이미 2.1보다 낮은 출산율을 기록하고 있거든요. OECD 국가들의 평균 출산율은 1.56이에요. 한국보다는 높지만 그래도 인구 유지 기준인 2.1에는 한참 못 미쳐요.*

　왜 이렇게 된 걸까요? 요즘 아이 하나 낳고 키우려면 들어가는 비용이 어마어마하죠. 주거비와 교육비가 줄줄이 오르니

---

*　2023년 기준 세계 평균 출산율은 약 2.3 수준이에요. 전 세계 인구의 3분의 2를 차지하는 나라들에서는 출산율이 이미 2.1명 밑으로 내려갔지만, 나머지 3분의 1을 차지하는 나라들의 출산율이 높아서 평균을 끌어올린 결과입니다.

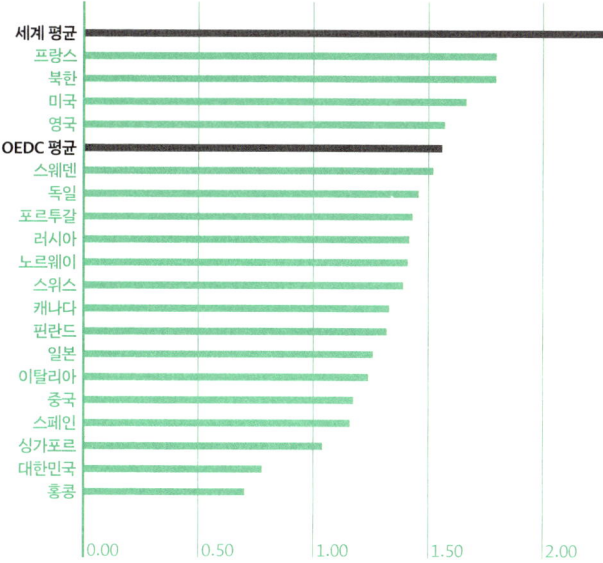

〈도표 3-1〉 주요 국가들의 합계출산율 비교(2022년)

자료: World Bank. World Development Indicator. (검색일: 2025.3.24.)

'이걸 내가 감당할 수 있을까?'라는 고민부터 하게 됩니다. 여성의 경제활동이 늘어난 것도 많은 영향을 미쳤고요. 일을 그만두지 않고도 아이를 낳고 기를 수 있다면 좋겠지만, 여전히 그 선택에는 너무 많은 희생이 따릅니다. 게다가 혼자만의 삶을 중시하는 문화도 점점 퍼지고 있죠. "굳이 결혼을 꼭 해야 하나?" "꼭 부모가 되어야만 어른인가?" 같은 질문들이 당연해진 시대가 된 거예요.

그러다 보니 세계 곳곳에서는 출산율을 끌어올리려 온갖 노력을 하고 있는 중입니다. 출산 장려금, 육아휴직 확대, 세금 감면 등 말 그대로 할 수 있는 건 거의 다 시도하고 있어요. 그런데도 출산율을 2.1까지 끌어올리는 건 생각보다 훨씬 어려운 과제랍니다.

돌이켜보면 지난 30년은 인구 덕분에 세계 경제가 꽤 잘 굴러간 시기였어요. 1990년부터 2010년대 후반까지, 중국은 일할 사람들을 2억 명 넘게 시장에 쏟아냈고요. 동유럽도 사회주의에서 시장경제로 넘어오면서 세계 노동시장은 그야말로 빵빵해졌죠. 한마디로, '쓸 수 있는 사람'이 많았던 시대였습니다.[5]

이 시기엔 부양비 dependency ratio도 낮았어요. 일할 수 있는 사람(15~64세)에 비해 부양해야 할 아이(0~14세)나 고령 인구(65세 이상)의 비율이 상대적으로 적었거든요. 여기에 여성의 경제활동도 점점 늘면서, 세계의 경제 엔진이 말 그대로 풀가동됐죠. 딱 '인구의 황금기'라 부를 만했습니다.

그런데 이 황금기가 이제 끝이 보이고 있어요. 앞서 얘기했듯이, 출산율이 전 세계적으로 줄고 있거든요. 중국과 동유럽도 예외가 아닙니다. 2050년쯤엔 생산가능인구가 지금보다 크게 줄어들 것이라는 전망이 나옵니다.

게다가 요즘 세계 분위기를 보세요. 이민을 제한하고, 교역도 줄이고, 보호무역에 자국우선주의까지 확산되고 있죠. 국가 간 인력 교류가 막히면 이제 선진국들은 자국민의 노동력에만 의존해야 합니다. 문제는 그 자국민 자체가 점점 줄고 있다는 거예요.[6]

그래도 개발도상국들은 아직까지 인구 증가와 소비 확대를 누리고 있는 편입니다. 하지만 그들도 시간이 지나면 지금의 선진국처럼 출산율이 뚝 떨어질 가능성이 큽니다. 여기서 중요한 점은 개발도상국들이 세계 경제의 '성장판' 역할을 한다는 겁니다. 만약 이 성장판이 닫히기 시작한다면, 세계 경제는 지금보다 훨씬 느린 속도로 굴러가게 될지도 모릅니다.

가장 빠른 속도로 늙어가는 나라, 대한민국

출산율 이야기가 크게 피부로 와닿지 않는 분들도 있을 것 같습니다. 그럼 관점을 바꿔 인구 이야기를 조금 더 해볼까요? 출산율이 떨어지면 당연히 아이는 줄고, 평균 수명은 늘어나게 됩니다. 그러면 무슨 일이 벌어질까요?

맞아요. 사회 전체가 늙어갑니다.

요즘은 60세 넘은 분들도 "이제 겨우 인생 반 왔다"라고 말하곤 하시죠. 의학 기술 좋아졌지, 식사도 건강하게 잘 드시지, 운동도 꾸준히 하시지, 덕분에 예전보다 평균 수명이 많이 올라갔어요. 하지만 젊은 사람은 줄고, 나이 든 사람만 늘고 있는 현실이 문제입니다.

〈도표 3-2〉는 주요 국가들의 65세 이상 인구 비율을 보여줍니다. 일본의 고령자 비율은 무려 29.6퍼센트에 이르렀고, 이탈리아, 독일, 프랑스를 비롯한 많은 유럽 국가들 역시 20퍼센트를 훌쩍 넘겼어요.

우리나라는 〈도표 3-3〉과 같이 2024년에 이 비율이 딱 20퍼센트를 넘어섰어요. 초고령super-aged 단계에 진입했다는 뜻인데요. 7퍼센트를 넘으면 고령화aging 단계, 14퍼센트를 넘으면

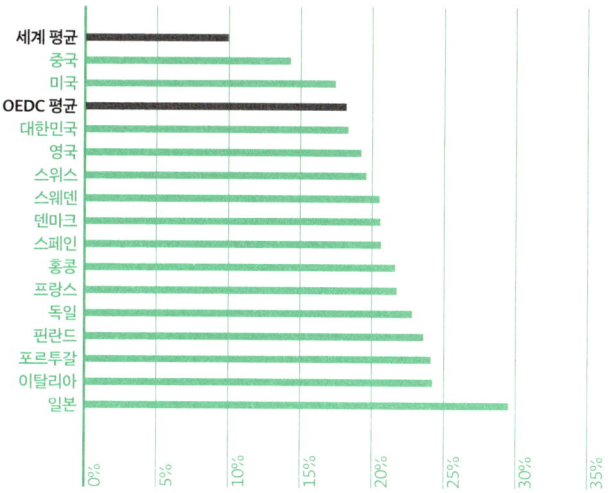

자료: World Bank. World Development Indicator.
(검색일: 2025.3.24.)

고령aged 단계, 20퍼센트를 넘으면 초고령 단계라고 부르는데, 우린 이제 맨 마지막 단계까지 왔다는 얘기입니다.7

그런데 '도달했다'보다 더 중요한 문제는 바로 '속도'입니다. 즉 얼마나 빨리 도달했느냐죠. 프랑스는 고령 단계에서 초고령 단계까지 39년, 독일은 36년, 이탈리아는 19년, 일본은 10년

〈도표 3-3〉 대한민국의 연도별 고령자 인구 비율 추이 (단위: %)

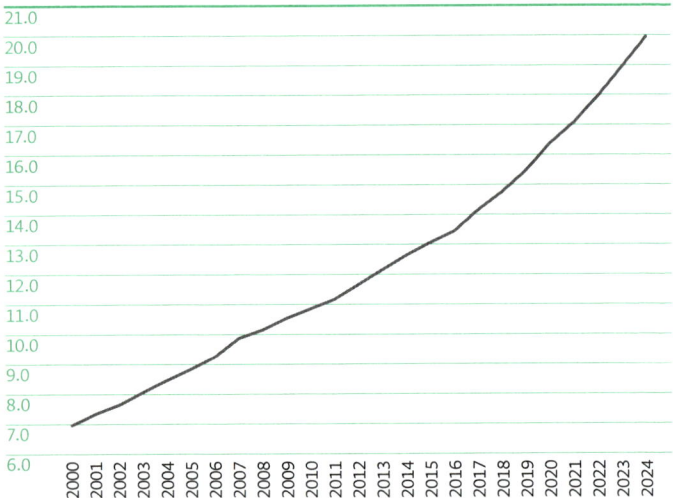

자료: KOSIS 국가통계포털(검색일: 2025.4.7.)

이 걸렸습니다.[8]

    우리는 어떤지 아세요? 불과 7년 만에 한 계단에서 다음 계단까지 뛰어올라버렸어요. 말 그대로 '세계에서 가장 빠르게 늙어가는 나라'가 되어버린 거죠.

    출산율은 줄어드는데, 고령자가 늘면 어떻게 될까요? 당연히 경제에 영향을 미치게 되죠. 가장 먼저 성장률을 생각해볼 수 있습니다.

노동의 관점에서 보면 경제가 얼마나 커지느냐를 측정하는 GDP 성장률은 다음 세 가지 요소에 영향을 받습니다.[9]

- 일할 사람이 얼마나 늘어나는가
- 그 사람들이 얼마나 생산적으로 일하는가
- 그리고 얼마나 오래 일하는가

문제는 첫 번째 항목, 일할 사람의 수가 줄어든다는 거예요. 출산율이 낮으면 당연히 생산가능인구도 줄고, 그렇게 되면 경제의 성장률 자체가 떨어질 수밖에 없죠. 거기에 세 번째 항목인 노동 시간도 서서히 줄어드는 추세입니다.[10] 그렇다면 이 문제를 어떻게 해결할 수 있을까요?

첫째, 일의 효율을 높이는 겁니다. AI나 로봇이 여기서 중요한 역할을 할 수 있을 거예요. 사람이 줄어드는 만큼 기계가 일을 대신하여 더 빠르고 똑똑하게 처리해주는 구조가 필요하죠.

둘째, 아직 충분히 활용되지 못한 인력이 경제활동을 할 수 있도록 끌어들이는 겁니다. 예를 들어, 고령층은 조기퇴직 이후에 역량을 충분히 살리지 못한 채 일시적인 일자리에 머무는 경우가 많죠. 또한 우리나라는 여러 연령대에서 여성들의 고용률이 다른 나라보다 낮은 편입니다. 이들의 고용 기회를 확대하고 전문성을 살릴 수 있는 일자리로 유도한다면, 줄어드는 노동력을 일부 보완할 수 있을 거예요.[11]

셋째, 밖에서 사람을 데려오는 거예요. 즉 이민을 통해 인구를 채우는 방법인데요. 이미 다른 나라들이 오래전부터 써오고 있는 카드죠. 선진국에서는 성인 인구 중 이민자 비중이 1퍼센트포인트 증가할 때마다, 1인당 GDP가 약 2퍼센트 증가하는 것으로 나타났어요.[12] 예컨대 영국은 EU 이민자들의 유입이 경제 성장을 떠받치는 데 중요한 역할을 했어요.[13] 우리나라도 이젠 이 문제를 진지하게 고민해야 할 시점이에요.

인구의 변화는
경제의 모든 부분에 영향을 미친다
―

출산율이 줄고 고령자가 늘어나면 물가도 이에 영향을 받습니다. 수요와 공급 측면으로 나누어서 하나씩 살펴보죠.

먼저 수요 쪽입니다. 나이가 들면 보통 소비가 줄어요. 은퇴하면 월급이 끊기니까 괜히 큰돈 쓰기 망설여지잖아요. 전반적으로 수요가 약해지면 물가도 덜 오릅니다. 물건이 안 팔리는데 굳이 비싸게 팔 이유가 없으니까요.

그런데 또 다 그렇지가 않아요. 고령자가 늘면서 연금 수령자도 늘잖아요. 연금이 꼬박꼬박 들어오니까 생각보다 소비가 유지되거나 오히려 늘기도 해요. 특히 의료, 돌봄, 건강식품 같은 분야가 대표적이에요. "자동차? 그건 이제 관심 없어. 병원 예약이나 잘 되면 좋겠어." 이런 식인 거죠. 그래서 전체적으로 보면 인플레이션 압력은 줄어들지만 분야별로는 완전 다른 그림이 나오게 됩니다. TV나 냉장고 가격은 안 오르는데, 병원비나 간병 서비스비는 자꾸 오르는 식이죠.[14]

공급 쪽도 봐야 해요. 예전엔 노동력이 넘쳐나니까 "당신 말고도 일할 사람 많아요"라는 분위기였어요. 그래서 임금이 잘 오르지 않았죠. 그런데 이제는 일할 사람이 귀해요. "그 일 시키려면 이 정도는 줘야죠"라고 말할 수 있는 시대가 된 거죠. 자연히 임금이 오르고, 그게 또 가격에 반영되다 보니 물가를 끌어올리게 돼요.

인구구조의 변화는 금리에도 영향을 미쳐요. 나이 들면 자연스레 은퇴 준비를 하잖아요. "이제 돈 벌 나이도 아니고, 안정적으로 굴려야지" 하면서 주식보다는 예금, 채권 같은 안전한 자산을 더 찾게 됩니다. 그러면 저축으로 흘러 들어가는 돈이 늘어나요. 기업 쪽은 이와는 반대 흐름이에요. "앞으로 시장 커질 일도 없고, 사람도 줄어드는데 굳이 공장 더 짓고 투자할 필요 있어?" 하며 투자 수요는 줄어들어요.

즉 빌려줄 돈은 넘치는데 이 돈을 빌려 가서 쓸 사람은 줄고, 자연스럽게 금리는 떨어지게 되죠. 이걸 구조적으로는 '균형실질이자율 하락'이라 부르는데, 너무 이론처럼 들리면 재미없으니까 여기선 그냥 '저금리 시대의 배경 중 하나'라고 기억해 두시면 충분합니다.[15]

다만 이게 꼭 한 방향으로만 가느냐 하면 그렇지 않습니다. 고령자 비율이 조금씩 늘어날 땐, 오히려 젊은 사람들이 "나도 노후 대비해야지" 하면서 더 열심히 저축을 합니다. 그러다 고령 인구가 너무 많아지면 쌓아놓은 돈을 꺼내 쓰는 시기가 되죠. 노후자금 인출, 연금 소비, 병원비 등등으로 소비가 늘고 저축은 줄어요.

일본이 그랬어요. 1980년대까진 "노후 준비!"를 외치며 저축률이 높았지만, 1995년 이후에는 "이제 그 돈 좀 써볼까"로 바

뀌며 저축률이 뚝 떨어졌거든요.[16]

요컨대 고령화가 '금리를 낮추느냐, 올리느냐'는 단순한 문제가 아니라는 얘기랍니다. 언제, 얼마나, 또 어떤 구조에서 고령화가 진행되느냐에 따라 시나리오는 완전히 달라질 수 있거든요.

정부의 재정도 인구구조의 변화에 영향을 받아요. 일단 일할 사람이 줄면, 당연히 세금 낼 사람도 줄어듭니다. 직장인과 사업자가 줄면 소득세도 덜 걷히고, 소비가 줄면 부가세도 덜 걷힙니다. 그러니까 정부 입장에선 들어오는 돈이 점점 줄어드는 거예요. 반대로 나가는 돈은 늘어나요. 고령 인구가 늘면 연금, 병원비, 돌봄비, 각종 복지 비용 등으로 나가는 돈이 한두 푼이 아니거든요. 그래서 지금 전 세계 정부들이 점점 더 큰 고민에 빠지고 있는 겁니다. "세금은 덜 걷히고, 복지 수요는 더 늘고… 이러다 나라 살림 거덜나면 어쩌지?"

특히 이미 빚이 많은 나라들은 이 문제가 더 심각해요. 만약 금리가 오르면 예전보다 더 비싼 이자를 내야 하거든요. 그러다 보면 늘어나는 이자 부담 때문에 정부의 재정이 흔들릴 수도 있어요.

마지막으로 인구구조의 변화는 자산 가격에도 영향을 미

칩니다. 고령자가 많아질수록 사람들은 하나둘 안전자산으로 몰려요.

"주식은 불안하니까, 난 채권이 좋아."

"그래도 이자 나오잖아. 원금도 지켜주고."

이런 생각들이 계속 모이고 모이면 어떻게 될까요? 채권 가격은 오르고, 수익률은 떨어져요. 실제로 1870년부터 2017년까지 선진국들의 데이터를 분석해보면, 고령자 비중이 높을수록 안전자산의 수익률이 낮아지는 것으로 나타났어요.[17]

그러니까 돈은 점점 더 안전자산에 몰리는데, 그 때문에 수익률은 오히려 더 낮아지는 역설이 벌어지는 거예요. 많이들 꿈꾸는 '이자나 배당으로 사는 삶'도 생각만큼 쉽지 않게 된 거죠. 경제학에선 이런 사람들을 임대료rent를 받아 생활하는 사람이라고 해서 '렌티어rentier'라고 부르는데요. 렌티어가 많아질수록 오히려 렌티어로 살기 어려워지는 집단적 역설이 생깁니다. 모두가 이자와 배당을 좇으면, 정작 그 이자와 배당은 더 얇아지는 아이러니죠. 결국 고령화는 자산시장에서도 '안전하게 굴릴 곳'은 줄이고, '굴려야만 하는 사람'은 늘리는 상황을 만들고 있습니다.

피할 수 없는 변화엔 피버팅이 답이다

자, 이제 정리해볼까요?

지금 우리가 마주한 저출산과 고령화는 인구 구조의 변화, 그 이상의 의미를 지녀요. "애를 덜 낳는다" "노인이 늘었다"는 통계 너머에는 국가 경제 자체의 체질이 바뀌고 있다는 큰 흐름이 숨어 있어요.

일할 사람이 줄면 경제 성장 속도는 자연스레 느려집니다. 그걸 메우기 위해선 AI나 로봇 같은 생산성의 마법에 기대야 하고요. 만약 AI가 기술 발전 자체를 스스로 해낸다면요? 우리가 아직 상상도 못한 초성장이 펼쳐질 수도 있죠. 이건 말 그대로, 한 번도 가보지 않은 길이에요.

또 고령화는 소비도, 저축도, 금리도 뒤흔들어요. 노인 인구가 늘면 당장은 디플레이션이 올 것 같지만, 한편으론 임금이 오르고, 금리 또한 꿈틀거리며 오를 수도 있죠. 모두가 안전한 자산만 찾아 몰리면, 그 안전마저 취약해질 수도 있고요.

무엇보다 가장 큰 숙제는 역시 국가 재정입니다. 걷히는 세금은 줄고, 나가는 복지 지출은 늘어나니까요. 특히 부채가 이미 많이 쌓여 있는 나라들은 금리가 올라가면 재정에 경고등이 켜지게 되겠죠.

중요한 질문은 이겁니다.

"이 흐름을 막을 수 있을까? 아니면 잘 타야 할까?"

답은 분명합니다. 이건 피할 수 없는 '구조적 변화'거든요. 그렇다면 지금은 위기를 기회로 바꿔야 할 때입니다. 눈앞의 출산율 숫자에만 갇히기보단 장기적인 생산성 혁신, 재정의 체질 개선, 그리고 새로운 삶의 방식에 맞춘 경제 설계가 필요한 타이밍입니다.

결국 우리가 이 흐름을 어떻게 바라보느냐에 따라 미래의 모습은 완전히 달라집니다. 피하지 말고, 피버팅 pivoting할 시간인 거죠. 익숙했던 세계가 저물고, 새로운 문이 열리고 있어요. 이제 낡은 지도를 버리고, 새로운 길을 개척해야 할 순간입니다.

왜 글로벌 사우스의 젊은이들은 고향을 떠날까?

점심을 먹으러 간 식당에서, 중국 출신의 직원이 주방에서 바쁘게 움직이는 모습이 보입니다. 저녁에 들른 편의점에서는 우즈베키스탄에서 온 아르바이트생이 유창한 한국어로 계산을 도와주더라고요.

이런 풍경, 낯설지 않죠? 식당을 비롯해서 건설 현장, 농촌, 공장까지. 이제는 우리나라도 외국인 노동자가 없으면 하루도 돌아가기 힘든 곳이 많아졌어요. 다음 〈도표 3-4〉를 보시면, 경기도 안산시 단원구의 외국인 인구 비율은 약 24퍼센트에 이

〈도표 3-4〉 시군구별 외국인 인구 비율

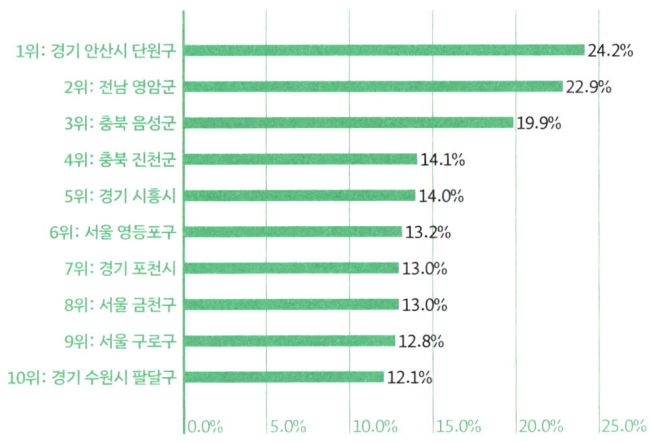

자료: 법무부 외국인 행정정보 종합플랫폼(하이코리아), 이민행정 빅데이터 분석·시각화. (검색일: 2025.9.21.)

룹니다. 이는 이 지역 주민 네 명 가운데 한 명은 외국인이라는 것을 의미해요. 외국인 인구 비율 상위 10위 지역을 보면, 중소 도시뿐만 아니라 서울의 자치구들도 다수 포함된 것을 확인할 수 있죠. 저출산과 고령화로 인해 앞으로 '글로벌 사우스Global South'라고 불리는 지역 출신의 외국인 노동자에 대한 수요는 점점 더 증가할 것으로 보입니다.

그런데 이건 외국인 노동자가 일부 산업의 빈자리를 메우는 차원에서 그치지 않아요. 우리가 매일 마주하는 상품과 서비스의 가격, 지역 경제의 활력, 그리고 사회가 어우러지는 방식까지, 이 모든 게 이들과 점점 더 얽히게 될 거거든요.

우리는 이들이 왜 고향을 떠나야 했는지, 이들의 여정이 우리 경제와 사회에는 어떤 영향을 미치는지를 이해할 필요가 있습니다. 앞으로 이 흐름이 우리 일터와 지역사회의 모습을 근본적으로 바꿔놓을 수도 있기 때문이죠. 이는 더 이상 선택이 아닌 피할 수 없는 과제가 되었습니다.

글로벌 사우스는 왜 '아래쪽 국가'가 될 수밖에 없었나

지금 이 순간에도, 개발도상국 출신의 이주 노동자들은 세계 경제를 조용히 떠받치고 있습니다. '글로벌 사우스'는 이들의 출신국을 한데 묶어서 부르는 말이지요.

이 용어는 베트남전쟁이 한창이던 1969년, 미국의 한 정치운동가가 "북쪽 나라들이 남쪽 나라를 착취하고 있다"고 쓴 칼

럼에서 처음 등장했어요. 당시엔 제1세계(미국과 서방 동맹국), 제2세계(소련 및 동구권 위성국), 제3세계(신생 독립국 중심의 비동맹·개발도상국)처럼 냉전 구도의 용어가 더 익숙한 시절이었죠. 그래서 글로벌 사우스와 글로벌 노스Global North라는 개념은 생소했어요.[1]

이 용어가 국제 사회에 본격적으로 알려지기 시작한 건 1980년, 당시 서독의 총리였던 빌리 브란트Willy Brandt가 이끄는 국제위원회가 발표한 브란트 보고서Brandt Report 덕분이었습니다. 이 보고서에는 가상의 선이 하나 등장하는데요. 이름하여 '브란트 라인'이에요. 멕시코만에서 시작해 대서양, 지중해, 중앙아시아를 가로질러 태평양까지 이어지는 선으로, 1인당 GDP를 기준으로 이 선의 위쪽은 부자 나라들, 아래쪽은 가난한 나라들로 나뉩니다.

그런데 여기서 좀 헷갈리는 게 있어요. 다음 그림에서 볼 수 있듯이 인도나 중국은 지도상 북반구에 있는데 글로벌 사우스로 분류되고요. 오히려 남반구에 있는 호주나 뉴질랜드는 글로벌 노스로 들어가요. 이쯤 되면 '남쪽' '북쪽'이라는 말이 단순한 방향 문제가 아니라는 걸 알 수 있죠.

현재 글로벌 사우스라는 용어는 지리적인 관점보다는 주

〈그림 3-1〉 글로벌 노스와 글로벌 사우스를 나누는 브란트 라인

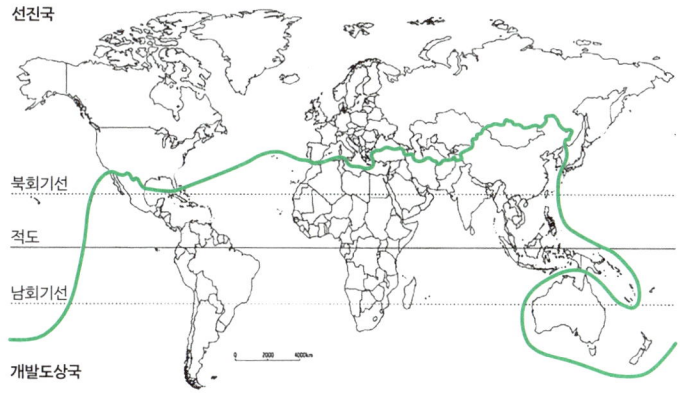

주: 브란트 라인이 처음 그어졌을 때는 대한민국이 글로벌 사우스에 포함되었지만, 현재는 글로벌 노스에 속함.

자료: "The Brandt Line" by Jovan.gec, via Wikimedia Commons, licensed under CC BY-SA 4.0. https://commons.wikimedia.org/wiki/File:The_Brandt_Line.png

로 경제적인 관점에서 사용되고 있습니다.* 또한 점점 더 상징

* 글로벌 사우스에 속하는 국가들에 대해 정해진 기준은 없습니다. 국제연합(UN) 내의 개발도상국 연합체인 77개국 그룹(Group of 77)과 중국으로 구성된 글로벌 사우스 국가 목록은 다음 사이트에서 확인할 수 있습니다. http://www.fc-ssc.org/en/partnership_program/south_south_countries

적인 개념이 되어가고 있기도 해요.[2] 예를 들면, 국제 무대에서 글로벌 노스에 대비되는 정체성과 연대를 표현할 때 사용되거나, 기후나 개발 협력 같은 글로벌 의제에서 공동의 목소리를 내는 구호로 쓰이기도 하거든요.[3]

방금 말씀드린 것처럼 글로벌 사우스와 글로벌 노스를 나누는 기준은 1인당 GDP였어요. GDP gross domestic product(국내총생산)는 많이 들어보셨을 거예요. 한 나라가 1년 동안 만든 모든 상품과 서비스를 돈으로 환산해서 모두 더해준 값인데요, 쉽게 말해 나라 전체의 연간 생산량이라고 보면 됩니다. 이걸 인구수로 나누면 그게 바로 1인당 GDP. 말 그대로, 평균적으로 한 사람이 1년에 얼마나 생산했는지 가늠할 수 있는 숫자예요.

그럼 여기서 궁금해지죠. 왜 글로벌 사우스, 그러니까 개발도상국들의 1인당 GDP는 글로벌 노스보다 낮을까요?

핵심은 '얼마나 많이 만들었느냐'에 있습니다. GDP라는 개념 자체가 생산량 중심이기 때문에 더 많이 만들면 경제가 성장하고, 자연스럽게 1인당 GDP도 올라가죠.

그래서 경제를 키우는 가장 현실적인 방법 중 하나가 '장비를 늘리는 것'입니다. 같은 사람이 일해도, 맨손으로 하는 것보다 기계 하나를 붙여주면 훨씬 더 많은 걸 만들어낼 수 있잖아요? 건설 현장에서 포클레인 한 대가 삽 열 자루보다 나은 것처럼요. 기계가 많아지면 생산량이 늘고, 그만큼 GDP도 올라간답니다. 이게 바로 경제 성장의 첫 번째 엔진, '자본 투입'이에요. 1인당 사용할 수 있는 기계 설비가 많아질수록 1인당 산출물도 증가하게 되죠.[4]

그런데 기계만 늘린다고 다 해결되진 않죠. 똑같은 장비, 똑같은 시간이라도 누가 쓰느냐에 따라 결과는 천차만별이잖아요. 예를 들어 같은 컴퓨터를 써도 어떤 사람은 엑셀로 회계 마감까지 뚝딱 끝내고, 어떤 사람은 아직 로그인도 못 했을 수 있어요. 결국 중요한 건 얼마나 잘 쓰느냐, 얼마나 효율적으로 일하느냐예요. 경제학에서는 이걸 총요소생산성, 영어로는 TFP total factor productivity 라고 부릅니다. 쉽게 말해, '같은 자원으로 얼마나 똑똑하게 일하느냐'를 보여주는 지표죠.

그런데 결정적으로 이 생산성은 '사회 제도'의 영향을 받습니다. 법이 제대로 작동하고, 내가 소유한 것을 누가 뺏어가지 않는 나라에선 사람들이 뭔가 해보려는 마음이 생기거든요. "열심히 하면 그만큼 돌아오겠지." 이런 믿음이 있으면 더 부지런해지고, 더 똑똑하게 움직이게 되지 않겠어요? 그게 쌓이면 나라 전체의 생산성이 올라가고요.

반대로, 열심히 일해도 어차피 위에 있는 사람한테 다 뺏기고, 법은 권력 있는 사람 편만 들고, 뒷거래 없이는 아무것도 안 되는 사회라면? 누가 바보처럼 열심히 일하겠어요.

즉, 글로벌 노스와 글로벌 사우스 사이의 격차는 '믿고 살 수 있는 제도적 환경이냐, 그렇지 않느냐'에서 오는 걸지도 모릅니다.

이렇게 보면 "글로벌 사우스와 노스의 차이는 제도에 있구나"라고 생각할 수 있어요. 그런데 또 다른 한편으로는 "잠깐만, 제도가 좋아서 잘사는 걸까? 아니면 잘살게 되니까 제도도 좋아진 걸까?" 하는 생각이 들기도 하죠. 그리고 부자 나라와 가난한 나라는 제도뿐만 아니라 많은 측면에서 서로 다르기 때문에, 부유함과 제도 모두를 설명할 수 있는 제3의 원인이 있을 수도 있고요. 정말 어렵죠?

이와 같은 제도와 경제적 격차 사이의 인과관계에 흥미로운 답을 던진 사람들이 있습니다. 바로 대런 아세모글루 Daron Acemoglu, 사이먼 존슨 Simon Johnson, 제임스 로빈슨 James Robinson이에요. 2024년에 노벨경제학상을 받은 세 사람이죠. 이들이 주목한 건 '식민지 시대에 만들어진 제도'였어요.

옛날로 거슬러 올라가 볼까요? 유럽 사람들이 아메리카 대

륙에 처음 발을 들였을 때, 남아메리카는 이미 인구도 많고, 꽤 잘사는 지역이었습니다. 그런데 유럽인 숫자는 얼마 되지 않았죠. 이런 상황에서 유럽인들은 어떻게 했을까요? 네, 많은 현지인을 통제하고 착취할 수 있는 시스템을 만들었어요. 이런 걸 착취적 제도extractive institutions라고 불러요. 힘 있는 소수가 부를 독점하고, 대부분의 사람은 그저 일만 하게 만드는 구조죠. 여기선 혁신이고 뭐고 필요 없죠. 기술이 발전하면 권력이 흔들릴 테니까 말이에요. 정치 체제도 비민주적이어서 권력 교체도 힘들어요. 결과적으로 평범한 사람들은 아무리 노력해도 경제적 부를 축적하는 게 어려워집니다.

반대로 북아메리카는 어땠을까요? 당시 북아메리카는 사람은 적고, 땅은 넓고, 무엇보다 유럽인들이 살기에 비교적 안전한 곳이었어요. 그러다 보니 아예 정착해서 살아보자는 사람들이 많았죠. 이렇게 되면 얘기가 달라져요. "여기선 우리도 룰을 만들어야 해. 공정하게 살아보자고."

그래서 생긴 게 바로 포용적 제도inclusive institutions예요. 이 시스템에서는요. 내가 땀 흘려 번 돈, 내가 만든 재산을 국가가 지켜줘요. 누구나 사업을 할 수 있고, 시장에 뛰어들 수 있고, 경쟁도 자유로워요. 당연히 기술도 발전하겠죠. 게다가 정치 참여

도 열려 있어서, 말 그대로 국민이 주인인 나라가 되는 겁니다.[5]

식민지 이전 시기에 상대적으로 부유했던 중남미 지역에는 유럽인들이 떠나고 난 뒤에도 착취적 제도가 그대로 남았습니다. 권력은 소수 엘리트가 쥐고 있고, 다수는 여전히 제도 바깥에 서 있죠. 이런 구조 아래에서는 법도 느슨하고, 부패는 만연하고, 사람들은 제도에 기대기보다는 오히려 피해 다니게 돼요. 바로 이것이 지금까지도 글로벌 사우스에 빈곤의 그림자를 길게 드리우고 있는 이유 가운데 하나랍니다.[6]

그들은 왜 떠나고, 어떤 변화를 만들어내는가?

자, 그럼 이제 글로벌 사우스의 노동자들이 고향을 떠나는 이유를 살펴볼까요?

사실 말은 쉬워도 고향을 떠난다는 건 보통 일이 아니죠. 거기엔 수많은 이유들이 얽혀 있습니다. 크게 보면 밀어내는 요인push factor과 당기는 요인pull factor으로 나눌 수 있어요.[7]

먼저, 밀어내는 요인은 떠밀려 나가는 사람들에 대한 이야기예요. '여기선 도저히 못 살겠다'는 절박함에서 비롯된 경우죠. 먹고살 길이 막막하거나, 일자리가 없거나, 정치적 혼란이 계속되는 나라에서는 사람들이 생존을 위해 떠날 수밖에 없습니다. 총소리가 들리는 동네에서 아이들을 데리고 하루하루 버틴다는 건 얼마나 힘든 일일까요?

기후도 변수예요. 논밭이 가뭄에 타버리고, 갑작스러운 홍수에 삶의 터전이 쓸려 내려가면, 더 이상 고향에서 버틸 이유가 사라지죠.

반대로, 당기는 요인은 말 그대로 저쪽에서 사람들을 막 끌어당기는 겁니다. 가장 대표적인 요인이 임금 격차예요. "같은 일을 해도 저 나라에선 세 배 더 받는다더라." 이러면 돈을 더 주는 저 나라로 가지, 누가 이 나라에 있고 싶겠어요. 그뿐인가요? 발달된 의료 시스템, 양질의 학교 교육, 밤길에 안심하고 걸을 수 있는 치안 상태 같은 것들도 사람들을 끌어당기며 이주를 결심하게 만듭니다.

결국 고향을 떠나는 건 단지 '돈을 벌러 간다'는 말로는 설명할 수 없는, 생존과 희망 사이의 복잡한 선택이란 얘기죠.

그런데, 이주라고 다 같은 이주가 아니에요. 누군가는 자신의 인생을 걸고 짐을 싸는 반면, 누군가는 몇 달만 일하고 다시 돌아갈 생각으로 비행기에 오르거든요. 이렇게 보면, 노동 이주는 또 두 갈래로 나뉩니다. 하나는 영구 이주permanent migration, 말 그대로 이 나라에 뿌리 내리겠다는 각오로 오는 거죠. 보통은 기술 있고, 경력 있는 사람들이 많죠. IT 개발자, 간호사, 엔지니어 같은 숙련 직군이 대표적이에요. 가족도 데리고 오고, 복지 혜택도 챙기고, 시민권도 노려볼 수 있어요.

다른 하나는 임시 이주temporary migration예요. 정해진 기간만 일하고 계약 끝나면 본국으로 돌아가야 하는 방식이죠. 여름 수확철에 맞춰 들어오는 계절 노동자들이 대표적인 사례입니다. 혹은 한두 해 동안 문화 체험 겸 일하는 워킹홀리데이 친구들도 있고요. 한국어 배우러 왔다가 단기 알바하는 연수생, 또 대기업 본사에서 외국 지사로 잠깐 파견 나간 직원도 여기에 포함돼요. 심지어 "이 산업에 사람이 좀 부족한데, 외국 인력 초청해볼까?" 해서 정부 차원에서 채용돼서 오는 단기 고용자들도 적지 않습니다.[8]

즉, 누군가는 꿈을 갖고 오고, 누군가는 기회를 좇아오고, 누군가는 의무처럼 오는 거죠. 중요한 건, 모두 각자의 사정 속에서 전 세계 노동시장을 움직이고 있다는 거예요.

사실 이주라고 하면, 우리는 대부분 "가난한 나라에서 부자 나라로 가는 거 아니야?"라고 생각합니다. 남쪽(개도국)에서

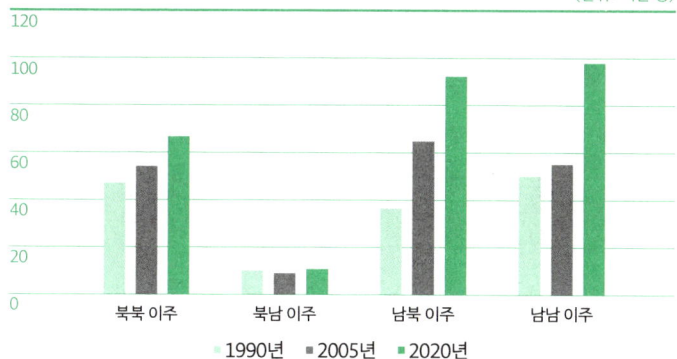

〈도표 3-5〉 국제 이주 추이

자료: Schewel, K. & Debray, A. (2024). Global trends in South-South migration. The Palgrave Handbook of South-South Migration and Inequality. 157.

북쪽(선진국)으로 올라가는 이주, 이걸 남북 이주 North-South migration라고 부르죠. 뉴스에도 주로 이 케이스가 나오고요. 그런데 말이죠, 실제로는 남쪽에서 남쪽으로 옮겨가는 이주, 즉 남남 이주 South-South migration도 엄청 많아요. 위 도표를 보면, 오히려 요즘은 남남 이주가 더 많죠.

왜일까요? 이유는 아주 간단해요. 북쪽으로 가는 길이 너무 험하거든요.

선진국들은 요즘 이주에 꽤 엄격해졌어요. 특히, 저숙련 노동자들한테는 벽이 더 높죠. 비자 발급도 어렵고, 체류 조건도 까다로워졌어요. "우리말 어느 정도 할 수 있어요?" "기술 자격증은 있나요?" 같은 질문이 쏟아집니다. 쉽게 말해, 북쪽으로 가려면 돈, 학력, 경력, 언어 능력까지 어느 정도 갖추고 있어야 한다는 거죠.

반면, 남남 이주에서는 건설 현장, 가사노동, 농장 일 같은 특정 업종들에 문이 좀 더 열려 있어요. 예를 들면 인도, 방글라데시, 파키스탄, 네팔 같은 남아시아 국가의 젊은 노동자들은 걸프 협력회의Gulf Cooperation Council, GCC 지역으로 많이 가요. 카타르, 사우디아라비아, UAE 같은 나라들로요. 덥고 거친 환경이지만 일자리가 있고 돈이 돌기 때문에 고향을 떠나 일하러 오는 사람들이 꾸준히 있습니다. 아프리카도 마찬가지예요. 경제 사정이 조금 더 나은 나이지리아나 남아프리카 공화국, 코트디부아르로 주변국 노동자들이 흘러 들어가요.

이러한 남남 이주가 증가한 데에는 말이 통하고, 문화가 비슷하다는 이유도 있어요. 이주라는 게, 그냥 물리적으로 몸만 옮기면 되는 일이 아니잖아요. 낯선 나라에서 다시 적응하고 살아야 하니까 언어가 통하고, 문화가 익숙하다면 훨씬 수월하죠. 예를 들어, 남아메리카의 스페인어권 국가들끼리는 말도 통하고 문화도 비슷해서, 이주가 자연스럽게 이루어져요. 서아프리카도 마찬가지예요. 프랑스어를 공용어로 쓰는 나라들끼리는 서로 왕래도 많고, 일자리 구하기도 상대적으로 쉬운 편이죠.

게다가 네트워크 효과도 무시할 수 없는 요인이에요. "거기에 사촌 누가 있대" "친구가 이미 거기 살고 있어" 같은 것 말이에요. 친척이나 친구가 이미 그 나라에 살고 있으면, 사실상 반은 정착한 거나 다름없습니다. 정보도 얻고, 처음 며칠은 같이 지낼 수도 있고요. 이런 점이 생각보다 아주 큰 영향을 줍니다.

마지막 이유는 아주 현실적인데요. 멀면 돈이 더 들기 때문이에요. 이주에는 당연히 큰 비용이 듭니다. 비행기 티켓, 비자 발급, 이동 경로 확보, 이런 게 다 돈이에요. 그래서 멀리 유럽이나 북미로 가는 것보다 가까운 나라로 가는 게 훨씬 저렴하죠. 예를 들어, 사하라 이남 아프리카에서 프랑스나 독일까지 날아가는 것보다 옆 나라 나이지리아나 가나로 넘어가는 게 돈도 적게 들고 리스크도 덜해요.

결국 사람들은 일이 있고, 말이 통하고, 돈이 덜 드는 곳을 택하는 거예요. 어떻게 보면 당연한 선택이지만, 그 흐름이 남남 이주의 중요한 배경이 되고 있는 겁니다.

그렇다면, 고향을 떠난 젊은이들의 노동 이주는 어떤 경제적 효과를 낼까요?

먼저, 이주 노동자 본인에게는 말할 것도 없이 월급이 달라져요. 같은 일을 해도 받는 돈이 세 배, 다섯 배씩 차이 나는 곳에서 일하게 되는 거죠.9 예컨대 남아시아에서 중동으로 간 노동자들은 사우디, UAE 같은 나라에서 고향보다 훨씬 높은 임금을 받을 수 있어요. 중남미에서도 마찬가지예요. 온두라스, 과테말라 청년들이 멕시코로 건너가서 공장이나 서비스업에서 더 나은 조건으로 일하죠.

그런데 이 돈은 혼자만 쓰지 않아요. 대부분은 고향으로 흘러갑니다. 송금remittance이라는 이름으로요. 매달 받은 월급 중 일부를 부모님, 형제자매, 자식들에게 부쳐주죠. 이게 쌓이면 꽤 어마어마해요. 2023년 기준으로, 개발도상국으로 들어간 송금 총액이 약 6,500억 달러였어요. 규모로 보면 외국인 직접투자foreign direct investment, FDI나 공적개발원조official development assistance, ODA보다도 큽니다. 그래서 송금은 개발도상국에게는 아주 중요한 대외 자금 조달원이기도 합니다.10 심지어 타지키스탄, 네팔, 레바논 같은 나라들은 GDP의 25퍼센트 이상이 송금에서 나와요. 그 나라의 교육, 보건 예산보다도 많죠.11

그럼, 이 돈은 어디에 쓰일까요? 집 짓고, 아이들 학비 대고, 병원비 마련하고, 작은 가게 여는 데 쓰여요. 즉, 고향 사람들의 삶이 한 단계 올라가는 데 큰 역할을 하는 거죠. 가난한 농촌 마을에 ATM 기기가 생기고, 아이들이 도시로 유학을 가는 것도 이주 노동자들의 월급에서 비롯되는 변화라고 할 수 있습니다.[12]

그러다 보니 많은 개발도상국 정부들이 이제는 이주자들을 '국가 경제의 숨은 영웅'처럼 대하기 시작했어요. 송금에 세금도 안 매기고, 이주 업무 전담부서를 만들기도 하고요. 이왕 나가 있는 노동자라면, '가급적 오래 일하고, 많이 벌어, 자주 보내라'가 국가의 공식 입장인 셈이죠.

그런데 사회적인 측면에서 보면, 노동 이주는 출신국의 가족 구조에 큰 변화를 초래하기도 해요. 부모가 생계를 위해 해외로 나가면 남겨진 아이들은 누구랑 살까요? 당연히 조부모나 친척과 함께 성장하는 경우가 많죠. 그러다 보면 보고 싶어도 못 보고, 자랄수록 거리감은 커지고, 가족은 '같이 있는 사람'이 아니라 그저 '송금해주는 사람'이 되어버리기도 합니다.[13]

하지만 이건 또 다른 시선으로도 볼 수 있어요. 한 가족이 가진 경제적 리스크를 줄여주는 선택이기도 하거든요. 예를 들면 이런 거죠. "우리 식구 중에 한 명은 바깥세상으로 보내자." 고향에서 농사짓는 사람들과는 다른 방식으로 돈을 벌 수 있으니까, 기후재해나 경기 침체 같은 지역 차원의 위험에서 벗어나는 거예요. 그래서 지역 경제에만 의존하는 사람들에 비해 좀 더 안정적인 생활을 할 수 있는 거죠.[14]

'타인의 노동'이 필수인 시대에 필요한 우리의 관점은?

그렇다면, 이주 노동자들을 받아들이는 국가들은 어떤 입장을 취해야 할까요?

이제 많은 국가들에서 이주 노동자들은 '경제를 돌리는 엔진'이 되고 있어요. 고령화된 나라일수록 이런 이주 노동자들의 존재가 더 절실하죠. 사람은 줄고, 할 일은 넘치니까요. 누군가는 병원에서, 누군가는 농장에서, 또 누군가는 가정에서 아이를 돌보며 자국민이 맡지 않는 자리들을 메꿔주고 있어요. 요즘엔 아이를 외국인 육아 도우미에게 맡기는 경우도 심심치 않게 볼 수 있습니다. 부모가 아이를 맡기고 맞벌이를 할 수 있으니 생산성도 오르고, 가정 소득도 늘어나죠.

걸프 지역 국가들 같은 경우는 이 비율이 더 극적이에요. 카타르, UAE는 전체 노동자의 대다수가 외국인이에요.[15] 그러다 보니 "외국인 노동자가 없으면, 나라가 안 굴러간다"라는 말이 나올 정도죠.

하지만 좋은 이야기만 있는 건 아닙니다. 이주 노동자가 많아지면 많아질수록 필연적으로 나오는 우려들이 있죠. "자국민 일자리가 줄어든다" "임금이 깎인다"[16] "집값이 오르고, 의료·교육비에 대한 세금 부담이 커진다"[17] 같은 말들이요.

게다가 문화나 종교가 다르면 충돌도 생겨요. 사회 통합이 안 되면 갈등은 커지고요. 실제로 미국이나 유럽에선 이 문제로 정치가 갈라지고 있어요. 반이민 정서, 극우 정당의 득세, 불법 이민자 문제는 선거판을 뒤흔들기도 하죠.

그래서 요즘 일부 선진국들은 '시민권을 주지 않고, 필요한 기간만 고용'하는 단기·계절 노동자 제도를 확대 중이에요. 이 모델은 본래 걸프 국가나 싱가포르에서 쓰이던 방식이었지만, 이제 유럽과 미국까지 확산되고 있어요. 말하자면, "영구 이민자는 부담스럽지만, 단기 근로자는 필요하다"는 현실적 타협의 산물인 거죠.[18]

결국, 누군가가 고향을 떠난다는 것을 오로지 '돈 벌러' 나가는 문제로만 바라볼 수는 없어요. 글로벌 사우스의 청년들의 노동 이주는 빈곤과 불안, 기후 위기가 등을 떠미는 쪽과 더 나은 임금과 안정된 삶이 손짓하는 쪽, 그 둘 사이에서 하는 줄타기와 같습니다. 그리고 그 선택은 고향의 가계 소득이 되고, 다른 나라의 노동 현장을 지탱하는 힘이 되죠.

이주 노동에는 결코 좋은 면만 있지 않습니다. 돈이 보내지는 만큼, 가족은 떨어지고 낯선 사회에선 갈등과 소외도 생겨요. "내 일자리가 뺏겼다"는 말부터 "우리 문화가 위협받는다"는 목소리까지. 이주 노동은 결국, 사람이 오고 가는 이야기이자 우리가 사는 세상이 불균형하다는 증거이기도 합니다.

그리고 이제, 이 얘기는 대한민국에 살고 있는 우리에게도 밀접하게 맞닿아 있어요. 출산율은 낮고 노동할 수 있는 사람은 점점 줄고 있죠. 머지않아 우리도 '누군가의 노동'에 기댈 수밖에 없는 시대를 맞이하게 될 거예요.

그리고 그때 중요한 문제는 '어떻게 함께 살아갈까?'일 겁니다. 당장 급한 불만 끄려고 하지 말고, 장기적으로 생각해야 하는 것이죠. 그리고 그 과정에서 영구 이주와 임시 이주의 비율을 어떻게 가져갈 것인지를 함께 고민해야 합니다. 누가 와도 차별 없이 함께 어울려 살 수 있도록 인권과 노동력 확보, 그리고 사회 통합 사이의 균형점을 정교하게 찾아야 할 때입니다.

다른 회사의 구조조정, 나에게 어떤 영향을 미칠까?

"아침에 출근했는데, 보안요원이 옆에 붙어서 바로 노트북 반납하래요. 메일도 못 열어보고 나왔어요."

얼마 전 미국의 한 글로벌 IT 기업에서 일어난 일입니다. 해고 대상자들은 별도의 면담도 없이, 출근과 동시에 퇴사 통보를 받았어요. 업무 계정은 이미 차단된 뒤였죠. 이건 비단 해외에 해당되는 이야기만이 아닙니다.

"실적도 나쁘지 않았고, 연말평가도 중상이었는데… 팀장이 어느 날 '잠깐 얘기 좀 하자'고 하더라고요."

그날 이후 직장인 익명게시판에 계속 올라오는 구조조정에 대한 소문들, 그리고 '희망퇴직'이라는 단어가 쪽지처럼 날아들어요.

우리는 종종 '경기 침체니까 해고가 늘겠지'라고 생각하지만, 현실은 좀 다릅니다. 실적이 나쁠 때만이 아니라 실적이 괜찮을 때도, 심지어 회사가 이익을 내는 상황에서도 구조조정은 계속 이루어지거든요.

왜 그럴까요? "나는 아직 해당 사항이 없어"라고 말하고 싶어지는 구조조정 뉴스들, 정말 우리와 상관없는 일일까요?

이번 장에서는 사람을 줄이는 일로만 보이기 쉬운 구조조정을 기업이 왜 선택하는지, 그것이 경제에 미치는 파장은 무엇인지, 그리고 그 영향이 어떻게 우리의 평범한 삶에까지 들어오게 되는지를 함께 들여다보겠습니다.

구조조정, 무조건 나쁘기만 한 것일까?

여러분은 '구조조정'이라는 말을 들으면 제일 먼저 뭐가 떠오르시나요? 감원, 정리해고, 사람 자르는 거…. 대개는 어두운 이미지부터 스멀스멀 떠오르죠.

그런데요. 사실 기업 입장에서 구조조정은 꼭 사람을 자르는 일만을 의미하지 않습니다. 그건 어디까지나 '결과'일 뿐이고, 진짜 목적은 기업의 몸집을 다시 설계하는 것에 가까워요. 예를 들면 이런 거죠. 안 맞는 사업부는 정리하고, 비슷한 일을 하는 팀끼리는 합치고, 시장이 변했다 싶으면 아예 방향 자체를 확 틀어버리기도 합니다. 다시 말해 더 빨리, 더 멀리 가기 위해 기업의 무게중심을 재조정하는 과정, 이게 바로 기업이 말하는 구조조정이에요.

우리는 보통 구조조정은 불황일 때만 하는 거라고 생각합니다. 매출이 떨어지고, 손익은 마이너스를 찍어서 위기에 몰릴 때 사람 줄이고 몸집 줄인다고 말이죠. 이런 것을 '불황형 구조조정'이라고 불러요.

그런데 요즘은 조금 달라졌습니다. 이상하게 들릴지 모르지만, 요즘엔 이른바 '호황형 구조조정'이 늘고 있어요. "호황인데도 사람을 자른다고?" 이해가 잘 되지 않으실 테니 예를 하나 들어볼게요. 미국 테크 기업들이 팬데믹 이후 엄청난 속도로 성장했다는 사실, 알고 계시죠? 그래서 그때 사람을 엄청 뽑았답니다. 그런데 지금은 어떤가요? AI, 자동화, 새로운 기술 도입….

기술의 수혜를 받은 실리콘밸리의 많은 기업들이 여기에 대응하기 위해 인력을 재배치하거나 줄이고 있어요. 인튜이트Intuit는 'AI 시대의 인재 재편'이라는 이름 아래 전체 인력의 10퍼센트를 줄였어요. 드롭박스, 메타, 구글, 마이크로소프트도 비슷한 길을 걷고 있고요.[1]

다시 말해 기업이 잘 나갈 때 이뤄지는 해고는 '기술 전환기에서의 인력 리셋'이라 할 수 있습니다. 미래 경쟁력 확보를 위한 하나의 전략인 거죠. 호황 속 해고는 이제 낯설지만은 않은 현실이 되었습니다.

하지만 같은 구조조정이라고 해도 나라에 따라 풍경이 완전히 달라지기도 합니다. 예를 들어, 미국은 노동시장이 유연하고 상대적으로 해고가 쉬운 나라예요. 노동시장이 유연하다는 말은 기업이 필요할 때 사람을 더 뽑고, 필요 없을 땐 줄이기도 쉽다는 뜻이에요. 계약 해지 절차도 간단하고, 해고 절차에 대한 법적 제약이 상대적으로 적죠. 대신 그만큼 새로운 일자리도 빠르게 생겨나고요. 변동은 크지만 회전도 그만큼 빠른 겁니다. 그래서 미국 기업들은 경기 흐름에 따라 인력 구조를 탄력적으로 조정할 수 있어요.[2]

반면 한국은 상대적으로 해고가 어려운 나라에 속합니다.

정규직을 해고하기 위해선 합당한 사유가 있어야 하고, 법적 절차도 까다로워요. 웬만해선 쉽게 못 자르죠.* 이 구조는 노동자 입장에선 고용 안정성이 높아진다는 장점이 있어요. 하지만 기업 입장에선 빠르게 외부 환경 변화에 대응하기 어렵죠.

그러다 보니 결과적으로, 구조조정이 한 번 일어났을 때의 충격이 훨씬 크고, 장기적인 여파도 더 오래 지속되는 편입니다. 해고된 뒤에 새로운 일자리를 찾는 것도 상대적으로 어렵고요. 그래서 기업들은 정규직 대신 비정규직을 늘리고, 신규 채용을

---

* 근로기준법, 법률 제20520호, (2024). 제24조에 따르면 경영상 이유에 의한 해고는 다음과 같이 제한됩니다.

  ① 사용자가 경영상 이유에 의하여 근로자를 해고하려면 긴박한 경영상의 필요가 있어야 한다. 이 경우 경영 악화를 방지하기 위한 사업의 양도·인수·합병은 긴박한 경영상의 필요가 있는 것으로 본다.
  ② 제1항의 경우에 사용자는 해고를 피하기 위한 노력을 다하여야 하며, 합리적이고 공정한 해고의 기준을 정하고 이에 따라 그 대상자를 선정하여야 한다. 이 경우 남녀의 성을 이유로 차별하여서는 아니 된다.

  이와 같이 근로기준법 제24조가 경영상 이유에 의한 해고에 엄격한 요건을 두고 있다 보니, 기업들은 직접 해고를 단행하기보다는 권고사직(사용자가 퇴사를 권유하고 근로자가 동의하는 형식)과 희망퇴직(퇴직금·위로금 등을 추가로 지급해 근로자의 자발적 퇴사를 유도하는 방식) 같은 우회적 방식을 활용하는 경우가 많습니다. 형식상 자발적 퇴사로 처리되기 때문에 법적 요건을 피할 수 있고, 기업은 인건비를 줄이고 근로자는 일정한 보상을 받으며 회사를 떠나는 절충이 이루어지는 것이죠.

줄이거나 미루는 방식으로 인건비를 조정하려고 합니다.

사실, 많은 사람이 구조조정에 대해 '빌런'의 이미지를 갖고 있어요. 하지만 구조조정이 이 말을 들으면 좀 억울할 수도 있을 겁니다. 왜냐하면 기업이 구조조정을 하는 이유는 '비용 줄이자!'는 차원을 넘어, 미래를 대비한 '리빌딩 전략'이기도 하거든요.

조직이 슬림해지면 의사결정은 빨라지고, 핵심 부문엔 자원이 더 집중될 수 있어요. 또한 자동화나 AI로 대체 가능한 반복 업무는 줄이고, 새로운 기술 기반의 직무를 확대할 수도 있죠. 그리고 성과 중심의 조직 전환을 통해 비효율은 줄이고, 유능한 사람에게 더 많은 기회를 줄 수도 있어요. 이런 변화가 쌓이면 장기적으로는 생산성 향상과 경쟁력 강화로 이어질 수 있죠. 해고된 사람들이 "그래, 이참에 내가 한번 해보자" 하며 창업에 나서기도 하고, 그 과정에서 새로운 혁신과 시장 다양성이 태어나기도 해요.[3]

그리고 산업 전체로 보자면 도태되는 기업이 사라지는 대신 인력과 자본이 신성장 산업으로 옮겨가면서 판 전체가 재편되기도 합니다. 또 하나, 구조조정은 단기적인 비용 감소를 통해 기업가치를 회복하고 투자자의 신뢰를 확보하는 데도 도움을

줄 수 있답니다.[4]

한 회사의 해고가
지역과 나라를 흔들 때

아, 물론 그렇다고 해서 구조조정이 마냥 괜찮은 일이라는 뜻은 아닙니다. 관건은 '속도'와 '방식'이에요.

설명도 없이 갑작스럽게 이뤄지는 구조조정이나 사회가 받아들일 틈도 없이 쏟아지는 해고 통보와 불공정한 절차는 사람들의 불신과 불안을 키우게 됩니다.[5] 그리고 이 과정에서 가장 큰 충격을 받는 쪽은 언제나 구조조정의 대상이 되는 개인들, 그리고 이들과 연결된 지역사회와 가족들이죠.

구조조정에 따른 실업은 기업의 내부 문제로 그치지 않고, 경제 전체에 광범위한 파장을 일으키는 시작점이 되기도 합니다. 한 명의 실직자는 경제적으로 보면 한 명의 소비자이고, 지역사회의 구성원이기 때문이에요. 그리고 가정에서는 자녀의 교육비를 지출하는 부모, 은행 입장에서는 주택담보대출을 갚고 있던 대출자, 국가적으로는 세금 납부자이자 연금 기여자이기도 하니까요.

그런데 말이죠. 그 실직자가 한두 명이 아니라 수천, 수만 명이라면 어떻게 될까요? 이제 이야기는 완전히 달라집니다.

가장 먼저 어떤 일이 일어날까요? 네, 소비가 얼어붙어요. 급여가 끊기니 당연히 지출을 줄여야 하지 않겠어요? 그뿐만이 아닙니다. 사람들 사이에서 이런 말들이 나돌기 시작해요.

"혹시 다음은 내 차례인 거 아냐?"

이러한 불안은 실직자뿐만 아니라 일자리를 지킨 사람들의 지갑까지 닫게 만들어요. 그리고 이 소비 위축은 고스란히 자영업자의 매출 하락으로 이어집니다. 외식을 줄이고, 미용실에도 가지 않고, 커피도 사먹지 않고요. 그렇게 지역 경제의 숨통이 서서히 조여오기 시작합니다. 해고가 일어난 지역은 총고용이 빠르게 줄고, 그 영향이 수년간 지속되기도 해요. 특히 중소도시나 한 산업에 의존하던 지역일수록 회복은 더 느리고, 타격은 더 깊습니다.[6]

문제는 여기서 끝나지 않아요. 실직으로 대출을 제때 못 갚게 되면, 은행도 흔들려요. 연체율이 올라가고, 금융 시스템에 빨간불이 켜지죠. 또한 구조조정으로 실업이 발생한 지역으로는 인구 유입도 줄면서 부동산 거래도 얼어붙고, 집값은 서서히 하락 압력을 받아요.

일자리 하나가 사라진 자리. 거기서부터 도미노처럼 경제 전반이 흔들리는 거예요. 그래서 경제학자들은 실업을 대표적인 거시경제 변수 가운데 하나로 본답니다. 일자리가 있느냐 없느냐의 문제가 '경제 전체가 숨을 쉴 수 있느냐 없느냐'의 문제로 연결되기 때문이죠.

그런 맥락에서 기업 하나가 구조조정을 하면, 그 파장은 그 회사 안에서만 끝나지 않습니다. 산업 전체를 흔들 수도 있죠. 가령 어떤 기업이 생산량을 30퍼센트 줄이겠다며 구조조정에 들어갔다고 상상해봅시다. 그러면 제일 먼저 충격을 받는 쪽은 그 회사에 부품을 납품하던 협력업체들일 거예요.

"갑자기 오더가 확 줄었어요."

여기서 그치지 않죠. 물류업체, 포장업체, 외주업체들의 매출도 따라서 줄어들게 될 거예요. 이들 업체도 인력을 감축하거나 임금 체불이 생길 수도 있죠. 그러면 이 업체들 주변에 있던 식당, 커피숍, 마트 등도 덩달아 매출 타격을 입어요.

이렇게 구조조정의 파도는 직접 고용을 넘어서 간접 고용, 지역 상권까지 연쇄적으로 퍼져나갑니다. 특히 한국처럼 대기업 중심의 산업 구조에서는 이런 연쇄 충격이 훨씬 더 민감하게 작동해요. 큰 나무 한 그루가 흔들리면, 그늘 아래의 생태계가 같이 흔들리는 구조인 거죠.

여기서 한 걸음 더 나가볼까요? 수출 비중이 높은 산업에서의 구조조정은 해당 기업이나 산업에만 영향을 미치고 끝나지 않습니다. 국가 경제 전반의 흐름까지 흔들 수 있죠. 예컨대, 수출 의존도가 높은 한국은 반도체, 자동차, 조선, 철강 같은 주력 산업이 대규모 구조조정을 단행하면 국가 전체의 수출 실적이 하락할 수 있습니다. 그럼 무역수지가 악화되고, 해외에서 들어오던 외화 유입도 줄어요. 그다음엔? 환율이 영향을 받겠죠. 원화 가치가 떨어지면 수입물가가 올라가고, 결국 소비자물가 전반이 들썩일 수 있어요.

이러한 이유로 불황으로 인한 구조조정의 경우에는 중앙은행이나 정부가 정책 대응에 나서야 할 수도 있습니다. 예를 들면, 경기 부양을 위해 금리를 내리거나 재정지출을 늘리는 거죠. 그런데 그러다 보면 다른 나라보다 금리가 낮아지면서 외국인 자본이 빠져나갈 가능성이 생깁니다. "여긴 이자 수익이 낮으니까 다른 나라로 가자" 하는 거죠. 만약 외국인 자본이 대규모로 유출되면 환율 불안이 가중될 수도 있습니다. 또한 재정지출을 무리하게 늘리면 이는 곧 국가 부채 증가로 이어지죠.

이와 같이 수출 중심 산업에서의 구조조정은 결코 단순한 문제가 아닙니다. 한 기업의 경영 전략으로 시작되지만, 그 여파는 환율, 금리, 물가, 재정 건전성까지 국가 경제 전반으로 확산될 수 있기 때문이죠.* 이러한 연결 고리를 이해하지 못하면 구조조정이 단지 특정 업계의 인력 문제로만 보일 수 있어요. 하지만 실상은 국가 경제의 체력을 흔드는 주요 변수 중 하나라고 할 수 있습니다.

선택은 기업이 내리지만 대가는 모두가 치른다

한편, 구조조정은 노동시장 전체에 '침묵의 압력'을 퍼뜨릴 수도 있어요. 실업률이 오르면 사람들은 "지금은 이직할 때가 아니야" 하고 직장을 옮기려는 시도를 줄여요. 그렇게 되면 노동시장에는 구직자가 넘치고, 고용주들이 주도권을 쥐게 되죠.

---

* 다만, 제시된 파급 경로는 글로벌 유동성과 같은 여타 요인에 따라 달라질 수 있습니다. 예를 들어, 전 세계적인 저금리로 인해 유동성이 풍부하다면, 금리 인하 시에도 자본이 급격히 빠져나가지 않을 수 있습니다.

어떤 기업이 1,000명의 인원을 감축했다고 가정해봅시다. 그러면 그 업계에는 단숨에 수백 명의 구직자가 쏟아져 나올 테고, 기업들은 이렇게 생각할 겁니다.

"조건을 좀 낮춰도 지원자들이 줄을 설 거야."

결과적으로 이 업계에서는 이전에 비해 구직자들의 '시장가치'는 떨어지고, 안정적인 커리어 설계도 어려워질 수 있어요. 또 연봉 협상에서 근로자들의 협상력이 약화될 수 있고, 과중한 업무가 증가해도 불만 표출이 어려워질 수 있죠. 고용 형태도 정규직보다는 계약직이나 파견직이 더 늘어날 수도 있고요.

또한 구조조정에 의한 실업의 증가는 국가의 재정과 사회 시스템에도 타격을 줄 수 있어요. 일자리를 잃은 사람이 많아지면 정부는 실업급여를 더 많이 지급해야 하고 직업훈련, 고용촉진 같은 프로그램에도 예산을 더 투입해야 하죠. 그럼 무슨 일이 생길까요? 그만큼 다른 분야의 예산이 제약을 받게 됩니다.

그뿐만이 아니에요. 일자리를 잃은 만큼 소득세와 소비세 같은 주요 세입이 줄어들고, 건강보험료를 내지 못하는 사람이 늘어나면 사회보험 재정에도 부담이 늘어납니다. 그리고 또 하나. 불황이 길어지고 구조조정이 반복되면 연금 기여자 수가 감소해요. 그럼 연금 재정에도 구멍이 생기고, 복지 수요는 오히려 더 늘어나게 되죠.

그리고 그보다 더 깊고 조용한 변화도 일어납니다. 바로 인구구조의 변화예요. 만약 불황에 따른 구조조정으로 청년 실업이 장기화되면 결혼이 늦어지고 출산이 줄어들면서, 인구구조 자체가 바뀔 수 있어요. 이건 우리가 흔히 말하는 '눈에 잘 보이지 않는 비용'입니다. 당장은 티가 안 나지만 10~20년 뒤에 국가의 기초 체력을 갉아먹을 수 있는 문제예요.

구조조정에 따른 실업은 가족과 자녀의 삶에도 영향을 주게 돼요. 부모가 일자리를 잃으면 가장 먼저 줄어드는 건 아이들의 교육비죠. 학원, 과외, 특별활동 같은 것이요. "지금 당장 먹고사는 게 중요하니 일단 줄여보자"라는 말이 먼저 나오게 됩니다. 대학생 자녀는 생활비를 벌기 위해 아르바이트를 시작하거나 휴학을 고민하게 될지도 몰라요.

문제는 여기서 끝나지 않습니다. 불황형 구조조정으로 인해 사회 전반에 실업자 수가 늘어날수록 사람들은 점점 더 '안정된 직업'을 좇게 됩니다. '철밥통이면 뭐든 좋다'라는 마인드가 자리 잡는 거예요. 그 결과 수험생들은 특정 전공으로만 몰리고, 다양한 진로는 사라지고, 미래에 대한 기대는 점점 더 낮아집니다.

"괜히 불확실한 분야에 도전해서 실패하느니, 안정적인 길을 찾자."

이런 분위기 속에서 청년들은 노동시장 진입 자체를 늦추기도 하죠. 결혼과 출산, 자립 시기도 점점 더 뒤로 미뤄지고요. 이건 한 세대의 생애 설계 문제에 그치지 않고, 다음 세대의 기회와 사고방식, 더 나아가 우리 사회의 구조 자체까지 바꿔놓을지도 모릅니다.

한편, 수치로 잡히지 않는 중요한 요소들도 눈여겨봐야 합니다. 구조조정 과정에서 조직 구성원들이 느끼는 '감정'과 '불안' 같은 것들 말이에요. 혹시 여러분은 실직이 주는 스트레스가 얼마나 큰지 아시나요? 실직은 우리에게 가장 강한 스트레스를 주는 경험 중 하나입니다. 한 연구에 따르면, 이혼이나 청각·시각 장애, 친구의 죽음보다도 더 큰 강도로 사람을 무너뜨리는 충격이라고 해요.[7]

이건 경기가 좋을 때 일어나는 구조조정도 예외가 아닙니다. 회사는 겉으로는 이렇게 말할 거예요.

"AI 시대에 맞는 인재 재편입니다."

"더 큰 성장을 위한 전략적 조정입니다."

아무리 그럴듯한 말로 포장을 해도 정작 당사자에게는 아무런 예고도 없이 닥쳐오는 일일 뿐이죠. 다행히 해고의 화살을 피해갔더라도, 조직에 남겨진 사람의 불안은 커질 거예요.

"다음은 내 차례인가?"

"우리 팀도 정리되겠지…."

"이참에 슬슬 이직 준비를 해야 하나?"

그렇게 남은 사람들의 불안은 커지고, 일의 몰입도는 떨어지고, 회사에 대한 충성도는 무너지고, 조직에 대한 신뢰도 사라지죠.

"아니, 회사 잘나간다며? 근데 왜 사람을 자르지?"

그 물음은 회사를 향한 근본적인 의심으로 바뀔 거고요.[8]

물론 구조조정이 누군가에겐 기회가 되기도 합니다. 기술 변화에 빠르게 적응한 사람은 더 좋은 기업, 더 높은 연봉, 더 나은 환경으로 옮겨가기도 하죠. 하지만 아무런 준비 없이 조직에서 방출된 사람들은 새로운 기술에 적응하지 못하고 고립되기 쉬워요. 특히 고연령의 근로자들에게 재취업의 문은 더 좁고, 사회는 이들에게 무심해요. 재교육과 사회적 안전망이 필요한 이유죠.[9]

기업의 구조조정이나 실업률 상승은 표면적으로는 나와 관련 없는 그저 '다른 사람의 문제'처럼 보이기도 합니다. 하지만 지금까지 살펴본 것처럼 우리가 살아가는 경제 구조는 각 요소들이 촘촘하게 연결되어 있고, 나의 일자리가 아니더라도 구조조정은 나의 소비와 소득, 그리고 미래 계획에 모두 영향을 미칩니다.

경제는 '숫자'에서 출발하지만, 결국은 '사람의 삶에 대한 이야기'이니까요. 구조조정은 기업의 선택에서 비롯되지만 어쩌면 그 대가를 치르는 건 우리 모두가 될 수도 있다는 점을 기억해야 할 것입니다.

경제지표는 좋아졌다는데, 왜 내 삶은 더 팍팍하기만 할까?

최근 마트에서 달걀 한 판을 사려고 들었다가 가격표 보고 조용히 내려놓은 적, 한 번쯤 있으시죠? 어디 달걀뿐이겠습니까. 과일이나 채소처럼 예전 같으면 가격도 제대로 보지 않고 담았던 물품들을 이제는 100그램 단위 가격까지 꼼꼼하게 따져보며 담게 됩니다. "지난주보다 또 올랐네…"라는 말이 저절로 나오죠.

이렇듯 장바구니에 담긴 물건들은 점점 가벼워지는데, 계산대 앞에서 바코드를 찍을 때면 훅훅 올라가는 숫자에 숨이 턱

막히기도 해요. 그런데 그 와중에 뉴스에서는 이런 말들이 나옵니다.

"물가 안정세 진입."

"인플레이션 둔화."

뭔가 이상하지 않나요? 경제가 좋아진다는데 나는 왜 이렇게 허리띠를 졸라매야 하는지 말이에요. 고용이 탄탄하다는데 왜 주변 사람들은 일자리를 못 구하고, 회사는 구조조정을 고민하는 걸까요? 이처럼 우리가 느끼는 체감물가와 통계에서 말하는 인플레이션 수치는 자주 어긋나곤 합니다.

실제로 2023년에 미국의 실업률은 50년 만에 최저 수준을 찍었고, GDP도 상승했죠. 그런데 미국인 절반 이상이 "지금 미국은 경기 침체recession에 빠져 있다"라고 생각했어요.[1] 숫자는 좋아졌는데, 사람들은 전혀 그렇게 느끼지 않았던 거죠.

각종 경제지표들이 괜찮다고 말해도 소비심리는 꽁꽁 얼어붙은 것 같고, 자영업자들은 장사가 안 된다며 한숨만 내쉽니다. 대체 왜 이런 괴리가 생기는 걸까요?

그 이유는 우리가 매일 듣고 보는 그 경제지표들, 예컨대 GDP, 인플레이션, 실업률 같은 것들이 '국가 전체의 평균적인 상황'을 보여주기 때문이에요. 그런데 우리는 전체 평균이 아니라 '내 월급, 내 장바구니, 내 월세' 속의 삶을 살고 있죠.

다시 말해서, 통계는 '모두의 경제'를 말하지만, 우리는 늘 '나의 경제'를 살아가기 때문입니다. 이 두 세계 사이의 틈이 커질수록 사람들은 "경제는 잘 돌아간다는데, 왜 나는 힘들까?"라는 의문에 빠지게 돼요.

이번 장에서는 바로 이 체감과 통계 사이의 괴리를 들여다보려고 합니다. 경제지표들이 말해주지 못하는 '진짜 삶의 경제'를 어떻게 바라봐야 할지 함께 생각해보죠.

모두의 경제 vs. 나의 경제

먼저, 제일 많이 듣는 지표인 GDP 이야기부터 해보죠. GDP는 경제 기사에 빠지지 않고 등장하는 단어입니다.

"한국 GDP ○퍼센트 성장."

"중국 GDP 2분기 서프라이즈."

GDP가 무엇인지는 앞에서 이미 한번 살펴봤지만 워낙 중요한 개념이니 한 번 더 복습해볼게요. GDP는 그 나라에서 일정 기간 동안 생산된 재화와 서비스의 총합을 '돈'으로 표현한 숫자입니다. 쉽게 말하면, 이 나라가 얼마만큼 경제활동을 했는지 화폐 단위로 딱 보여주는 거죠.

그래서 GDP는 경제 규모의 크기를 보여주는 가장 직관적인 지표라고 할 수 있어요. 예를 들어 한국과 미국, 일본의 GDP를 비교하면 각 나라가 얼마나 큰 경제를 굴리고 있는지를 상대적으로 가늠할 수 있죠.

보통 이 GDP를 바탕으로 경제 성장률을 계산합니다. "지난 분기보다 GDP가 얼마나 늘었나?"를 통해 경제가 성장 중인지, 위축 중인지 알 수 있다는 얘기죠. 이는 경기순환, 즉 호황과 불황의 흐름을 파악하고 정부나 중앙은행이 적절한 정책을 수립하는 데 중요한 기준이 된답니다.

정책 효과를 따질 때도 마찬가지예요. 예컨대 대규모 재정지출이나 금리 인하 정책을 시행했을 때 GDP가 상승하면, 그 정책이 일정 부분 효과를 발휘했다고 해석할 수 있어요.

오늘날 같은 GDP 개념이 생겨난 지는 사실 그리 오래되지 않았습니다. 1930년대 대공황을 거치며 탄생했고, 제2차 세계대전을 거치며 확산된 개념이거든요. 짐작할 수 있다시피, 당시 세계 경제는 정말 엉망이었습니다.

"지금 경제 상황이 정확히 얼마나 나쁜 거지?"

"정부정책이 효과가 있긴 한 거야?"

이런 질문에 답할 기준선baseline이 필요했죠. 그게 GDP였던 겁니다.[2]

그런데요, GDP에는 몇 가지 한계점들이 있습니다. 일단, 소득의 '분배 상황'을 반영하지 않아요. 즉, 얼마나 '벌었는지'는 보여주지만 그걸 누가, 얼마나 '가져갔는지'는 안 보여주는 거죠. 예를 들어, 대기업 수출이 늘면 GDP는 쑥쑥 올라가요. 반도체 생산이 늘어나고, 건설 현장이 북적이면 "지금 경제 좋아요!"라고 말하는 뉴스가 쏟아지죠. 그런데 바로 그때 동네의 자영업자는 여전히 한산한 가게를 지키고 있다면, 그 사람에게는 GDP 성장이 전혀 체감되지 않는 거예요.

즉, 경제 전체는 성장했지만 내 지갑은 여전히 얇은 경우, 사람들은 호황이라는 수치를 받아들이지 못합니다. 이처럼 GDP는 '누가 얼마나 혜택을 받았는가'에 대한 정보는 담고 있지 않아요.

또한 GDP는 사회의 불안정성과 격차를 반영하지 못합니다. 평균값으로 제시되는 GDP 수치는 지역 간, 계층 간의 극심한 차이를 희석시키는 경우가 많거든요. 어떤 지역은 개발 특수로 뜨겁게 불타오르고, 다른 지역은 공장 문 닫고 일자리가 사라지는 상황에서도 GDP는 '전체 평균'만을 보여줄 뿐이죠.

GDP는 삶의 질이나 행복 수준도 고려하지 않아요. 사람들이 얼마나 건강한지, 여가를 얼마나 즐길 수 있는지, 사회적 안전망이 얼마나 촘촘한지, 교육 기회가 얼마나 평등한지 같은 것들은 전부 GDP 계산에서 빠져 있어요.

심지어 자연재해가 터져도 GDP는 오를 수 있답니다. 복구 비용, 병원비, 사고 처리 비용 등이 경제활동으로 잡히거든요. 삶은 무너졌는데, 숫자는 올라가는 거죠. 비슷한 흐름에서 GDP는 환경 파괴나 자원 고갈도 반영하지 않습니다. 예를 들어 산을 깎아서 골프장을 짓거나, 해안선을 파괴하고 그곳에 대규모 공장을 개발하면 GDP는 늘어나죠. 하지만 이런 활동들은 장기적으로 생태계 파괴와 기후 위기를 초래할 수 있어요. 다시 말해, GDP는 단기적 경제활동만을 측정할 뿐 미래 세대의 부담까지 고려하지는 않는다는 얘깁니다.

그리고 또 하나 중요한 부분. GDP는 '시장'에서 돈이 오간 일만 계산한다는 거예요. 가정주부의 육아나 가사노동, 지역 자원봉사 같은 활동은 사회에 실질적으로 기여하지만 시장에서 거래되지 않죠. 그래서 GDP에서는 모두 '0원'으로 처리된답니다.

마찬가지로 일부 소규모 자영업자들의 현금 거래나 불법

시장의 경제활동도 GDP에는 빠져 있죠. 그 결과, 개발도상국이나 저소득층의 경제활동 규모를 실제보다 과소평가하게 되기도 한답니다.

사실, GDP의 개념을 만든 공로로 노벨 경제학상을 수상한 사이먼 쿠즈네츠 Simon Kuznets 조차 자신의 창조물에 회의적이었어요. 그는 무기 생산이나 금융 투기 같은 것도 GDP에 '플러스'로 계산되는 것을 탐탁지 않아 했죠. 그리고 "GDP는 절대 삶의 질 well-being 과 혼동되어서는 안 된다"라고 말하기도 했어요.[3] 하지만 안타깝게도, 그의 경고는 언제부터인가 사람들의 뇌리에서 서서히 잊히게 되었습니다.

생활물가 vs. 공식물가

이제 인플레이션으로 넘어가볼까요?

인플레이션, 즉 물가상승률 지표는 통화정책의 방향을 결정하는 데 필수적인 기준이 된답니다. 예를 들어 중앙은행은 이 숫자가 너무 오르면 금리를 올려 수요를 억제해요. 반대로 경기가 좋지 않아 물가가 하락하면 금리를 내려 시장에 돈이 돌게 만들죠.* 말하자면 인플레이션은 거시경제의 '체온계' 같은 역할을 합니다.

　인플레이션 지표는 우리의 실생활과도 밀접하게 연결되어 있어요. 많은 나라에서 최저임금, 연금, 복지 급여 등이 공식적인 물가상승률을 기준으로 조정되거든요. 그리고 기업과 가계는 이 숫자를 바탕으로 미래에 대한 계획을 세웁니다. 물가가 계속 오를 것 같으면 기업은 가격을 올릴 준비를 하죠. 소비자의 경우, 단기적으로는 '앞으로 더 비싸질 테니 지금 사두자'라는 심리 때문에 소비를 앞당길 수 있습니다. 하지만 인플레이션이 장기화되거나 불확실성이 커지면 씀씀이를 줄이고 안전한 자산에 돈을 묻어두려는 경향이 나타납니다.

　그런데 말이죠. 이 숫자를 제대로 잘 살펴봐야 하는 것이, 인플레이션 지표도 결국엔 '평균값'이라 개개인의 체감물가를 정확히 반영하지 못한다는 것입니다. 우리가 일상에서 직접 마주치는 물가는 빵, 달걀, 우유, 라면, 커피, 기름값 같은 이른바 '생활물가'예요. 한 달 생활비에서 가장 자주, 반복적으로 지출

---

*　통화정책의 원리에 대해서는 저의 전작인 《경제의 질문들》 중 챕터 6 "통화정책 – 한국은행은 왜 기준금리를 올리거나 내리는 걸까?"를 참고하세요.

되는 항목들이죠.

그런데 뉴스에서 주로 말하는 물가는? 바로 소비자물가지수 Consumer Price Index, CPI 랍니다. 통계청이 정해놓은 수백 가지 품목의 평균값이죠. 그 안에는 우리가 자주 사지 않는 TV나 냉장고 같은 항목들도 있고, 반려동물 용품이나 수입차 같은 누군가에겐 소비와 아무 상관없는 항목들도 포함돼 있어요.* 만약 내가 자주 사지 않는 물건의 가격은 크게 떨어졌는데, 내가 자주 사는 물건들의 가격은 올랐다면? 생활물가는 확 올랐다고 느끼지만, 소비자물가지수는 '안정적'이라고 나올 수도 있는 거죠.

혹시 근원 소비자물가지수 Core CPI 라고 들어보셨나요? 이건 농산물이나 기름값처럼 단기적으로 가격이 들쭉날쭉한 품목들은 제외한 지수로, '안정적인' 물가 흐름을 보는 데 도움이 되는 지표입니다. 중장기적인 인플레이션의 추세를 파악하는 데 유용하기 때문에 정부와 중앙은행이 정책을 판단할 때 선호하는 지표죠.

그런데 이러한 방식은 실제 생활과 괴리를 낳는다는 한계

---

* 2020년 기준 대한민국의 소비자물가지수는 458개의 대표품목으로 구성되어 있는데, 통계청의 공식 소비자물가지수 사이트에서 구체적인 품목명과 가중치를 확인할 수 있습니다. https://kostat.go.kr/menu.es?mid=b70101020000

가 있어요. 왜냐면 마트에서 장을 보거나, 주유소에서 기름을 넣을 때, 혹은 가스비 고지서를 볼 때 '헉!' 하는 순간들이 근원 소비자물가지수에는 포함되지 않으니까요. 특히 저소득층일수록 생필품 지출 비중이 크기 때문에 이런 간극이 더 심하게 나타납니다.

그리고 또 하나, 시차의 문제도 있어요. 뉴스에서 "지난달 물가는 안정세"라고 말해도, 우리는 이미 오늘 마트에서, 주유소에서, '지금 오른 가격'을 체감하고 있잖아요? 즉, 물가 지표는 항상 한 박자 늦은 과거 이야기라는 거예요. 특히 가격이 급격히 오르거나 내릴 때는 지표가 현실을 쫓아오지 못해 더 답답하게 느껴질 수밖에 없죠.

또한 정부가 지표를 어떻게 계산하는가에 따라서도 숫자가 달라질 수 있어요. 그래서 어떤 품목을 넣을지, 또 가중치를 얼마나 줄지에 따라 현실을 정확히 반영하지 못하기도 합니다. 예컨대 주거비 부담이 커졌지만 해당 항목이 인플레이션 지표에 적게 반영된다면, 국민들은 '정부가 발표한 물가상승률이 현실을 외면하고 있다'는 불신을 가질 수밖에 없습니다.

그리고 또 한 가지, 서비스의 '질'은 숫자로 잡히기 어렵다는 점도 있어요. 예를 들어 병원 진료비는 예전이랑 똑같지만 대기 시간은 두 배로 늘고 진찰 시간도 짧아지면, 소비자 입장에선 '이건 비싸진 거나 다름없다'고 느끼겠죠? 하지만 이런 품질 변화는 인플레이션 지표에 제한적으로만 반영돼요. 표면상으론 가격이 그대로니까요.

이처럼 인플레이션 지표는 정책 수립과 경제 예측에 유용한 도구지만 사람들의 살림살이까지 제대로 말해주지는 못합니다. 그래서 "공식적인 물가상승률은 2퍼센트인데, 난 10퍼센트 오른 것처럼 느낀다" 같은 반응이 나타나는 것이죠.

통계는 현실의 거울일 뿐이다

자, 그럼 지금부터는 실업률 얘기를 해보죠.

실업률은 노동시장의 전반적인 건강 상태를 간단하고 직관적으로 보여주는 지표입니다. 실업률이 낮다는 말은 '일자리를 원하는 많은 사람들이 일을 하고 있다'는 뜻이죠. 그러면 경제에 생기가 도는 거고요. 반대로 실업률이 올라가면? '아, 뭔가 상황이 안 좋구나'라는 경고등이 켜져요.

특히 실업률은 발표 주기도 짧아서 경기의 움직임을 빠르게 읽는 데 매우 유용합니다. 그래서 중앙은행이 금리를 올릴까 말까 고민할 때, 정부가 고용대책을 짤 때, 항상 참고하는 대표 지표가 바로 이 실업률이랍니다.

또 하나 중요한 점! 실업률은 그냥 한 줄짜리 숫자에서 끝나지 않아요. 성별, 나이, 지역, 산업별로 쪼개서 보면 숨겨졌던 진짜 문제가 드러나기도 한답니다. 예를 들어, 전체 실업률은 낮은데 청년층 실업률만 유독 높다면 이건 '젊은 사람들한테는 아직도 일할 기회가 적다'는 의미가 되죠. 이렇게 어느 집단이 취약한지 콕 짚어주는 단서가 되기도 해요.

그런데 말이죠, 이 실업률이라는 숫자요. 이게 생각보다 꽤 까다로운 조건에서 계산된다는 사실, 알고 계셨나요?

통계에서 '실업자'로 인정받으려면요, 그냥 "나 요즘 일 없어" 정도로는 안 됩니다. 일할 '의지'도 있고, 바로 일할 수 있는 '능력'도 있고, 최근 4주 안에 진짜로 '구직 활동'까지 한 사람만 실업자로 쳐주거든요.[4] 그럼 어떤 일이 생기냐면, 열심히 구직하다가 지쳐서 그냥 포기한 사람, "아, 이제 일 못 구하겠다…" 하고 주저앉은 사람들은 통계에선 실업자로 잡히지 않습니다. 그냥 '노동시장 밖의 사람'으로 빠져버려요. 그러면 실업률은 뚝 떨어지죠.

다시 말해 "오, 숫자 좋아졌네!" 싶지만, 실상은 더 많은 사람들이 일자리를 못 구하고 있는 거예요. 일종의 착시 효과죠. 숫자는 좋아졌는데, 현실은 더 안 좋아진 거예요.

게다가 하루에 두세 시간 파트타임 뛰는 사람, 전공이랑 전혀 상관없는 저임금 일자리에서라도 일단 일하고 있는 사람들도 통계에선 '취업자'로 잡힙니다. 그래서 실업률이 낮다고 해서 꼭 양질의 일자리가 많다는 뜻은 아니에요. 실업률 숫자만 보고 "일자리 풍년이구나!"라고 단정 짓기 어려운 이유죠.

또 실업률은 단기적인 고용 흐름을 반영하는 데는 유용하지만 노동의 질이나 임금 수준, 고용 안정성 등과 같은 중요한 요소들을 적절히 반영하지 못한다는 한계가 있습니다. 예를 들면 이런 거죠. 정규직은 줄고 계약직은 늘었어요. 연봉 높은 일자리는 사라지고, 최저임금에 가까운 일자리만 남은 거예요. 그런데도 통계는 이렇게 말합니다.

"취업자 수 늘었음. 실업률 낮아졌음."

뭔가 이상하죠? 숫자는 좋아졌는데, 사람들은 더 불안해요.

그리고 요즘은 자동화, AI, 디지털 전환 같은 '천천히 오는 변화'도 무시할 수 없어요. 당장은 일자리가 유지되고 있어도, 사실 그 산업 전체가 서서히 사라지는 중일 수도 있거든요. 그런데 이런 구조적 변화는 실업률 지표에는 잘 안 잡혀요. 겉으론 멀쩡해 보이지만 속으로는 무너지고 있는 셈이죠.

이처럼 실업률은 분명 우리가 주목해야 할 중요한 지표이지만 "실업률 낮네? 그럼 고용 상황도 좋겠네?" 이렇게 단순하게 받아들이기엔 좀 아쉬운 지점이 있습니다. 정부가 단기 대책으로 '알바성 일자리'를 팍 늘려도 실업률은 떨어지기 때문이죠. 그런 자리가 진짜 삶을 꾸릴 수 있는 일자리일까요? 아닐 겁니다. 하루하루 버티기 위한 자리일 가능성이 더 크겠죠.

그래서 숫자는 좋아 보여도, 그 속을 보면 여전히 불안한 사람들이 많아요. 괜찮은 일자리는 없고, 내가 원하는 일을 할 수 있는 기회는 부족하고…. 그러니 실업률이라는 숫자 하나만 가지고 경제를 낙관하거나 비관하는 건 무척 위험합니다. 그 숫자 뒤에는 일자리의 질, 고용의 지속성, 시장에 들어가는 진입장벽이 얼마나 높은지 같은 것도 숨어 있으니까요.

결국 통계는 현실을 비추는 거울일 뿐이지, 그 자체가 현실은 아니라는 얘기입니다. 가끔은 그 거울이 흐릿하거나 특정 각도만 비추고 있을 수도 있다는 점을 꼭 기억해야 해요.

다가올 경기 침체를 예측하는 법

이제 마지막으로 경기 침체에 대한 이야기를 해보죠.

주변에서 오가는 말들을 들어보면, 항상 경기가 안 좋고 이미 침체가 온 것처럼 느껴지지만, 정작 뉴스에서는 '경기 침체'라는 말을 찾아볼 수 없어요. 도대체 경기 침체의 기준은 무엇일까요?

사실, 놀랍게도 경기 침체에 대해 '공식적으로' 정의된 개념은 없답니다. 일반적으로는 경제활동이 여러 부문에서 광범위하게 수개월 이상 감소하는 시기를 의미할 뿐이죠. 물가상승률을 고려한 실질 GDP가 두 분기 연속 하락하면 흔히 경기 침체라고는 하는데, 이것만으로는 충분하지 않아요. 그래서 실제로 침체를 겪고 있는지를 판단할 때는 보다 다양한 경제활동 지표들을 함께 고려해야 한답니다.[5]

예를 들어 미국에는 이것만 판단하는 전문 위원회가 따로 있어요. 바로 전미경제연구소 National Bureau of Economic Research, NBER 소속의 경기순환위원회 Business Cycle Dating Committee죠. 여기서는 실질 GDP 외에도 일자리 수, 산업생산, 도소매 판매, 개인소득 같은 다양한 지표들을 종합적으로 본답니다. 어떤 한 숫자에만 의존하지 않고 전체적인 그림을 보는 거죠. 그래야 지금이 진짜 침체인지 아닌지를 더 신중하게 판단할 수 있으니까요.

하지만 여기에도 몇 가지 허점이 있습니다. 첫째, 타이밍이 느려요. 경기순환위원회가 "지금 침체입니다"라고 발표할 때쯤이면, 이미 그 침체는 시작된 지 몇 달이나 지난 후거든요. 코로나19 팬데믹 시기가 딱 그랬죠. 경기는 2월부터 꺾였는데, "공식적으로 침체입니다"라는 말은 6월에 나왔어요. 이미 다들 체감하고 나서야 확인 도장을 찍은 거죠.

둘째, 기준이 애매해요. 어떤 공식이 딱 있는 게 아니고 '종합적으로 판단해서' 결정하기 때문이에요. 같은 GDP 하락이라도 "지난번에는 침체였는데, 이번에는 아님" 이렇게 될 수도 있어요. 이러다 보니 사람들은 "그 판단, 정말 믿을 수 있는 거야?" 하는 의문을 갖게 되죠.

셋째, 지표와 체감 사이의 괴리예요. 앞에서도 말씀드렸지만 평균적인 통계는 전체 경제를 반영하지만, 계층 간, 지역 간, 산업 간 차이를 충분히 반영하지 못하죠. 평균 소득이 상승했다고 해도 저소득층이나 청년층의 상황은 악화될 수 있어요. 또한 경제지표가 호조를 보이더라도 많은 사람들이 체감하는 현실은 경기 침체일 수 있고요.

그래서 요즘엔 좀 더 실시간으로 경기 흐름을 읽으려는 시도들이 많아지고 있는 추세입니다. 예를 들면, '삼의 법칙Sahm's Rule'이라는 게 있어요. 미국 연준 출신의 경제학자 클라우디아 삼Claudia Sahm이 만든 아주 간단한 규칙이죠. 방법은 이래요. 최근 3개월간의 평균 실업률이 지난 1년 중 가장 낮았던 실업률보다 0.5퍼센트포인트 이상 높아지면 "아, 지금 경기 침체가 시작됐구나"라고 보는 거죠.

이 규칙은 복잡한 계산 없이 신속하게 판단할 수 있다는 장점이 있습니다.[6] 〈도표 3-6〉을 보면 더 확실히 감이 올 거예요. 이 지표가 훅 치고 올라갈 때가 있는데, 그게 경기 침체가 시작된 시점과 겹치는 거 보이시나요?

또 하나, 수익률 곡선 역전yield curve inversion이라는 신호도 있어요. 이건 조금 생소하게 들릴 수 있는데, 사실 경제 좀 안다는 사람들은 이 지표에 꽤 민감하게 반응한답니다.

간단히 말해, 단기 국채금리가 장기 국채금리보다 높아지는 현상인데요. 원래는 반대랍니다. 장기 국채가 돈을 더 오래 묶어두니까, 당연히 더 높은 이자를 줘야 하잖아요? 단기는 짧고 안전하니까 이자가 더 낮고요. 이게 정상적인 금리 곡선이에요. 그런데 이게 뒤집히는 순간, 시장은 이렇게 말하고 있는 거

〈도표 3-6〉 삼의 법칙에 따른 경기 침체 지표

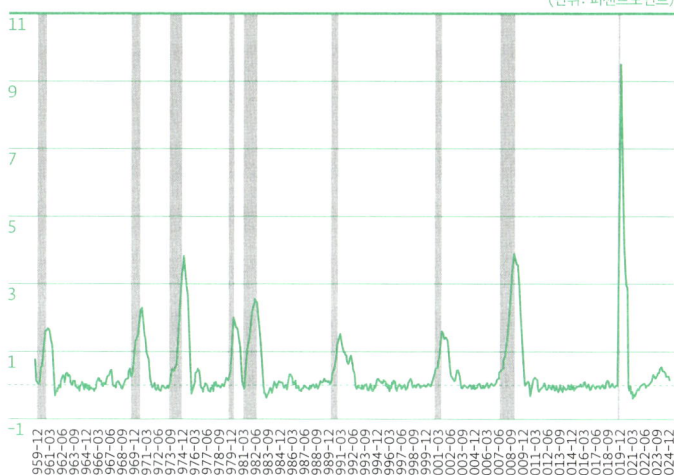

(단위: 퍼센트포인트)

주: 회색으로 표시한 부분은 미국의 경기판단위원회가 판정한 경기 침체 시기를 의미함.

자료: Sahm, Claudia. Real-time Sahm Rule Recession Indicator [SAHMREALTIME], retrieved from FRED, Federal Reserve Bank of St. Louis.(검색일: 2025.7.9.)

랍니다.

"앞으로 경기가 안 좋아질 것 같아."

〈도표 3-7〉은 미국의 10년 만기 국채금리와 3개월 만기 국채금리의 차이, 즉 장기 금리와 단기 금리의 차이가 어떻게 변하

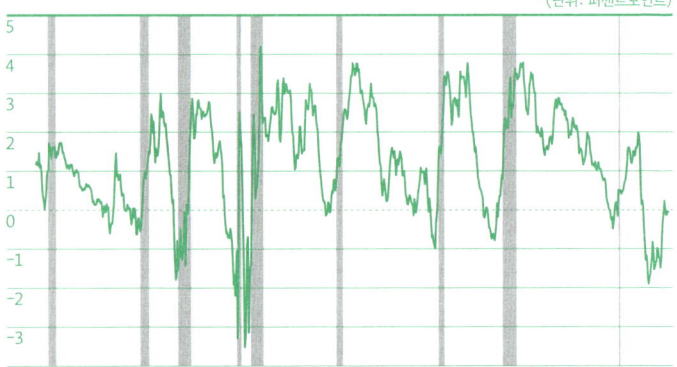

〈도표 3-7〉 미국의 장단기 금리 차를 통한 경기 침체의 예측

(단위: 퍼센트포인트)

주: 회색으로 표시한 부분은 미국의 경기판단위원회가 판정한 불황 시기를 의미함.

자료: Federal Reserve Bank of New York. The Yield Curve as a Leading Indicator. (검색일: 2025.7.27.)

는지를 보여주고 있어요(참고로 이걸 텀 스프레드term spread라고 부릅니다).

회색으로 표시된 부분은 경기 침체 시기인데요. 어떤가요? 그래프를 보면 경기 침체가 시작되기 전에 장단기 금리 차가 점점 줄어들죠. 그리고 마이너스(-)로 떨어지면서 수익률 곡선의 역전 현상이 짠 하고 나타나요. 단기 금리가 장기 금리보다 높아졌다는 걸 뜻하죠. 바로 이게 시장이 경기 침체를 예상하고 있다는 신호로 사용된답니다.

재밌는 건요. 막상 진짜 경기 침체가 시작되면, 장단기 금리차가 다시 원래대로 플러스(+) 영역으로 돌아오는 경향도 있다는 거예요. 이건 연준이 금리를 내리기 시작하면서 단기 금리가 떨어지고, 장기 금리는 상대적으로 안정되면서 정상적인 수익률 곡선이 복원되었기 때문일 수 있어요.* 수익률 곡선이 마치 "거봐. 내가 미리 예고했지?"라고 말하는 것 같죠?

다만 이 지표는 "올 거야, 곧 올 거야"라고 말은 계속 하는데, 정확히 '언제' 침체가 시작될지까지는 말해주지 못한다는 한계가 있어요.

사실 꼭 복잡한 경제지표를 보지 않아도, 우리는 일상 속에서 다양한 방식으로 경기 흐름을 감지하고 있습니다. 그냥 몸으로 느끼는 거죠. 예를 하나 들어볼게요. 미국의 햄버거 체인 중 하나인 파이브 가이즈Five Guys, 아시죠? 여긴 원래 세트 메뉴가

---

* 다만, 모든 경우에서 그렇지는 않으며 상황에 따라 곡선이 유지되거나 되돌아오는 시점과 경기 진입 시점이 엇갈리는 사례도 존재합니다.

3장 _ 더 늙고 더 다양해진 일터, 인구 변화가 가져올 새로운 세계

없었어요. 버거 따로, 감자튀김 따로, 음료 따로 다 따로따로 시켜야 했죠. 그래서 가격이 꽤 나가는 편이었어요. 그런데 어느 날 갑자기, 이 파이브 가이즈가 일부 매장에서 세트 메뉴를 시범적으로 출시하는 게 아니겠어요? 그러자 일부 사람들이 "어? 이거 소비자들 지갑이 닫히고 있다는 뜻 아니야? 경기가 안 좋은가 보다"라고 생각하며 이를 경기 침체의 신호로 해석했죠.

또 이런 경우도 있어요. 중고 거래 앱이 갑자기 활발해지거나, "이거 새로 사기엔 좀 부담스러운데…" 하면서 리퍼 제품을 찾는 사람이 늘어나요. 이런 흐름도 경기 둔화의 신호로 읽힐 수 있죠.

심지어 미용실 방문 간격이 길어지고, 고급 화장품 대신 립스틱 같은 소소한 사치 소비가 증가하는 '립스틱 효과'도 일상생활에서 경기 침체를 판단하는 데 이용되기도 한답니다.[7]

지표와 삶 사이의 거리를 좁히고 싶다면

결국 우리가 경제를 체감하는 방식은 수치보다 '감정', 그리고 총량보다는 '일상'에 좌우됩니다. 그래서 뉴스에서 아무리

"경제가 회복됐다"고 말해도, 많은 사람들이 그 회복을 실제로 느끼지는 못하죠. GDP가 늘어도 내 월급이 그대로라면, 실업률이 낮아도 나에게 맞는 일자리가 없다면, 우리는 여전히 경기 침체에 놓여 있다고 느낄 겁니다.

그만큼 지표와 삶 사이의 거리는 생각보다 멀고, 그 거리를 잇는 다리는 쉽게 놓이지 않습니다. 누군가는 "수치상으로 지금 경기가 좋다"고 말할 수 있어요. 하지만 다른 누군가는 "그래도 내 삶은 여전히 힘들다"고 말할 테죠. 이 간극을 좁히기 위해 더 많은 경제 데이터가 필요하다고 생각할 수도 있어요. 하지만 지금 우리에게 필요한 것은 기존의 경제지표를 해석하고 전달하는 방식의 변화일지도 몰라요.

예를 들어, 전체 평균만 보여주고 마는 대신 계층별, 지역별로 나눠서 보여주고, 숫자만 나열하는 대신 사람들의 실제 이야기와 연결해 설명하고, GDP나 물가상승률 같은 큰 숫자만 볼 게 아니라 취약계층이 실제로 어떻게 느끼는지에도 더 귀 기울이는 방식으로 말이죠. 지표 자체가 완벽해지긴 어렵겠지만, 지표를 읽는 방식만큼은 우리 삶의 현실에 더 가까워질 수 있을 거예요.

현재를 사는 우리에게, 경제학의 거인들이 던지는 질문들

'탁'하고 타임머신의 문이 열립니다. 그리고 그 안에서, 어디선가 한 번쯤 이름을 들어봤을 네 사람의 실루엣이 천천히 그 모습을 드러냅니다.

오늘날 경제학의 뼈대를 만든 전설적인 네 명의 학자. 이들은 갑자기 왜 지금 여기에 나타난 걸까요?

가장 먼저, 회색 곱슬머리를 한 남자가 등장했어요. 조용히 머리카락을 쓸어 넘기며 그는 이렇게 묻네요.

"보이지 않는 손… 아직도 잘 작동하고 있습니까?"

순간, 주변이 술렁입니다.

설마… 그 애덤 스미스Adam Smith?

잠시 후 또 다른 인물이 모습을 드러냈어요. 신문을 펼쳐보다가 갑자기 얼굴을 찌푸리더니 말하네요.

"25퍼센트의 관세라고요?"

데이비드 리카도David Ricardo예요. 자유무역의 파수꾼 같은 사람이었는데, 요즘 트럼프발 무역 관련 뉴스에 깜짝 놀란 모양이네요.

세 번째로 등장한 사람은 중절모에 코트를 여민 영국 신사, 존 메이너드 케인스John Maynard Keynes입니다. 현재 실업률 그래프를 보더니, 조용히 한마디를 던져요.

"이럴 때 정부가 가만히 있으면 안 되죠. 써야 할 땐 쓰는 겁니다. 과감하게."

그리고 마지막. 검은 뿔테 안경 너머로 전광판을 바라보는 남자. 숫자에 예민한 밀턴 프리드먼Milton Friedman이에요. 디지털 화면에 떠 있는 인플레이션 수치를 보고는 고개를 절레절레 흔드네요.

"결국, 돈을 너무 많이 풀었잖아요."

이들은 더 이상 오래된 경제 서적 속에만 있는 인물이 아니

〈그림 3-2〉 러시모어산의 경제학자들

왼쪽부터 애덤 스미스, 데이비드 리카도, 존 메이너드 케인스, 밀턴 프리드먼
(저자가 직접 그렸습니다)

랍니다. 지금 이 순간, 이들은 우리에게 이렇게 묻고 있죠.

"그래서, 여러분의 경제는 지금 안녕한가요?"

이번 장에서는 이 네 사람의 목소리에 잠시 귀를 기울여보려고 합니다. 이들의 말은 우리가 나아갈 길을 알려주는 나침반이 될 수 있기 때문이죠.

지금 우리가 선 자리를 다시 확인할 수 있게 해주는, 과거에서 날아온 경제학 거인들의 시선을 한 명씩 살펴보겠습니다.

보이지 않지만 어디에나 있는 손

자, 이제 첫 번째 주인공부터 만나보죠. 바로 경제학의 아버지, 애덤 스미스입니다.

"애덤 스미스 하면 뭐가 떠오르세요?"라고 묻는다면 대부분 이렇게 답하실 겁니다.

"보이지 않는 손이요."

맞아요. 아마도 세상에서 가장 유명한 손일 거예요. 스미스가 주장한 핵심 메시지는 간단합니다.

"사람들이 각자 자신의 이익을 좇다 보면, 결국에는 사회 전체가 이득을 본다."[1]

이 말이 처음엔 좀 이상하게 들릴 수도 있어요.

'내 이익만 생각했는데, 그게 어떻게 남들한테도 이익이라는 거야?'

그런데 여기에는 중요한 연결 고리가 하나 있어요. 바로

'가격'입니다. 보이지 않는 손이 제대로 일하려면 가격이라는 도구가 필요하거든요.

가격은 말 그대로 '시장의 언어'입니다. 수요와 공급이 만나서 숫자로 말을 하죠. 예를 들면 소비자 입장에선 가격이 싸면 "오, 이거 괜찮은데?" 하면서 많이 사게 되고, 가격이 비싸면 "음… 다음에 사자" 하고 물러서죠. 반면, 생산자들은? 가격이 오르면 신이 나요. "이럴 때 많이 만들어 팔아야지!" 하지만 가격이 떨어지면? "에이, 남는 게 없네" 하고 생산을 줄이죠.

이렇게 소비자와 생산자가 주고받는 이 가격 신호 덕분에 시장은 균형을 찾아갑니다. 어느 한쪽이 너무 많거나 적지 않게, 적당한 선에서 맞춰지는 거죠.

현실의 예 하나를 들어볼게요. 2021년, 전 세계에서 태양광 설치 붐이 일어나자 핵심 재료인 폴리실리콘이 순식간에 부족해졌어요. 그러자 가격이 확 올라갔죠. 이걸 본 생산자들은 지금이 기회다 싶어 설비를 늘리고 공장을 새로 짓기 시작했어요. 그 결과는요? 폴리실리콘의 공급이 늘어나고, 가격도 점점 떨어졌어요.[2] 이 과정은 시장이 가격을 통해 신호를 주고받으면서 스스로 균형을 맞추는 보이지 않는 손의 작동 방식을 생생하게 보여줍니다.

그런데 말이죠. 스미스의 보이지 않는 손이 늘 완벽하게 작동하진 않습니다. 스미스가 살았던 18세기와는 비교할 수 없을 정도로 지금의 경제는 훨씬 복잡해졌으니까요.

예를 하나 들어볼게요. 어떤 공장이 제품을 만들면서 몰래 유독가스를 배출하고 있다고 해봅시다. 눈에 잘 안 띄게, 사람들이 자고 있는 밤에 슬쩍슬쩍 말이죠. 그럼 어떻게 될까요? 공기는 탁해지고, 공장 근처에 사는 사람들은 호흡기 질환에 시달릴 거예요. 하지만 정작 그 공장은? 아무런 벌금도, 비용도 내지 않아요. 이처럼 한 사람의 선택이 옆 사람한테까지 피해를 주는데, 책임은 지지 않는 상황을 외부효과 externality라고 불러요. 자기 이익만 좇는 과정에서 남들이 고통을 떠안는 구조를 말하죠.

이건 더 이상 시장에만 맡겨둘 수 없는 문제예요. 왜냐하면 보이지 않는 손이, 이럴 때는 못 본 척 슬그머니 눈을 돌려버리거든요. 방금 살펴본 환경오염은 시장 실패 market failure의 대표적인 사례랍니다.

이와 비슷한 예가 하나 더 있어요. 과거의 스탠더드 오일처럼 거대 기업들이 시장 대부분을 장악하는 상황이 그렇답니다. 이제 가격은 수요와 공급이 아니라 기업 맘대로 정해져요. 이게 바로 시장 지배력 market power이라는 거예요. 말하자면, 보이지 않는 손이 아니라 보이지 않는 '주먹'이 시장을 마구 휘두르는 셈이죠. 이러면 자연스럽게 자원의 효율적 배분은 사라지게 됩니다.

그리고 또 하나, 공유지의 비극tragedy of commons과 공공재의 부족 문제가 있죠. 이 개념을 이해하기 위해서는 재화의 분류 기준을 먼저 살펴볼 필요가 있어요. 경제학에서는 〈도표 3-8〉과 같이 재화를 경합성rivalry과 배제성excludability이라는 두 가지 기준을 사용하여 분류합니다. 여기서 경합성은 특정 재화에 대한 나의 소비가 다른 소비자의 사용에 영향을 미치는지를 의미하고요. 배재성은 특정 개인이나 집단이 그 재화를 사용하지 못하도록 제외시킬 수 있는지를 말하죠. 이 두 가지 기준을 이용하면 재화를 네 가지 유형으로 나눌 수 있어요.

먼저, 사유재private goods는 한 사람이 사용하면 다른 사람의 사용이 제한되는 경합성을 갖고 있어요. 또한 가격을 지불해야만 소비할 수 있기 때문에 배제성이 강하죠. 우리가 시장에서 일반적으로 사고파는 상품들이 여기에 속합니다.

두 번째로 클럽재club goods는 비경합적이라서, 소비자가 증가해도 서비스나 재화의 질이 크게 저하되지 않아요. 하지만 이용 권한이 제한되어 있기 때문에 배제성을 띱니다. 대표적인 예

〈도표 3-8〉 재화의 분류

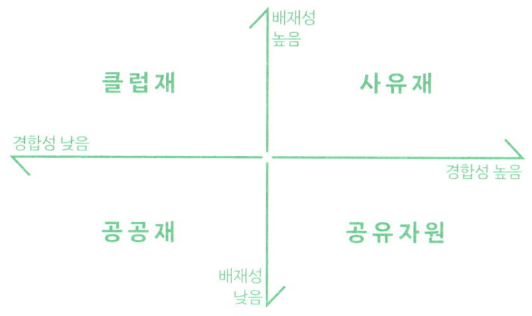

로는 넷플릭스나 티빙 같은 유료 OTT 서비스가 있어요.

세 번째로 공유자원common resources은 경합적이지만 비배제적인 재화를 말해요. 즉, 경합성이 있어 한 사람이 소비하면 다른 사람의 소비에 영향을 미치지만, 배제성이 낮아 누구나 자유롭게 사용할 수 있죠. 어업 자원이나 공공 목초지가 대표적인 공유자원인데, 이런 재화에서는 '공유지의 비극'이라고 불리는 과잉 소비 문제가 발생할 수 있어요. 예를 들어, 누구나 마음대로 잡을 수 있는 바다의 어획량이 통제되지 않으면 물고기가 고갈될 수 있죠. 이를 관리하기 위해 정부의 개입이나 규제가 필요할 때가 많아요.

마지막으로 공공재 public goods 는 한 사람이 소비하더라도 다른 사람이 동일한 재화를 소비하는 데 제한이 없는 비경합성의 특징을 가져요. 또한 대가를 지불하지 않은 사람도 자유롭게 사용할 수 있기 때문에 비배재성을 갖습니다. 시장에서는 공급이 이루어지지 않기 때문에 주로 정부가 제공하게 되죠.

공공재의 대표적인 예가 바로 국방이에요. 내가 군대의 보호를 받고 있다고 해서 옆 사람이 그 혜택을 못 받는 것도 아니고, 돈을 안 낸다고 해서 "당신은 보호해주지 않을 거예요"라고 국가 밖으로 쫓아낼 수도 없거든요. 결국, 이게 시장 입장에선 돈이 안 되는 구조예요. 그래서 그냥 시장에 맡겨두면 국방은 저절로 공급되지 않아요.

이와 같은 공유지의 비극과 공공재의 부족은 시장 실패의 또 다른 사례이자 보이지 않는 손만으론 사회가 굴러가지 못하는 이유랍니다.

보이지 않는 손이 멈췄을 때 필요한 '정부의 손'

이쯤 되면 슬슬 눈치채셨겠죠? 보이지 않는 손이 가끔씩

제 할 일을 하지 않는다는 걸요. 외부효과, 독점, 공공재의 공급 같은 상황에서는 그 손이 눈 감고 자는 척을 합니다. 그래서 결국, 정부가 개입하게 되죠.

어떤 공장이 오염물질을 마구 내뿜는다고 가정해봅시다. 그럼 정부는 그 기업에 세금을 매겨요. "남한테 피해 줬으니까, 그만큼 돈 내세요" 하는 거죠. 반대로 태양광이나 풍력 같은 재생에너지를 쓰는 기업에겐 보조금을 줘요. "당신 덕분에 공기가 좋아질 거예요. 앞으로도 파이팅!" 하면서 계속 쓰라고요.

비슷한 원리가 디지털 시장에서도 적용돼요. 앞에서 살펴본 것처럼 오늘날은 검색부터 동영상 시청, 문서 작업까지 모든 게 전부 구글 하나로 해결됩니다. 그러다 보니 우리 모두 어느새 한 회사의 손바닥 안에 있게 되지 않았겠어요? 이럴 때 정부가 그냥 가만히 있으면 어떻게 될까요? 시장에서 경쟁은 사라지고, 소비자 선택권은 줄어들게 되겠죠. 그렇기 때문에 정부는 공정거래법 같은 규제로 "너무 혼자 다 해먹지 마요" 하고 기업에게 제동을 거는 거예요.

한편, 경제가 대규모 침체에 빠졌을 때도 정부의 개입이 필요합니다. 1920년대 후반, 미국에서 대공황 The Great Depression 이 발생했을 때, 당시 경제학자들은 하나같이 이렇게 말했어요.

"괜찮아, 놔두면 시장이 알아서 조정할 거야."

"사람들이 일자리를 잃으면 소비가 줄 테고, 물건이 팔리지 않아 재고가 계속 쌓이면 물가가 알아서 떨어질 거야."

"그러면 다시 수요가 늘 테고, 경기도 다시 살아나겠지!"

이론상으론 그럴듯했습니다. 계획은 완벽했죠. 하지만 현실은?

실업률이 25퍼센트를 찍었고, 미국의 국민 소득은 30퍼센트나 줄어들었습니다.[3] 이번에도 보이지 않는 손은 아무 말도 하지 않았죠.

바로 그때였어요. 경제학계에 새로운 목소리가 등장해요.

"이럴 땐 정부가 과감하게 나서야 합니다."

존 메이너드 케인스였어요. 보이지 않는 손, 그러니까 시장에만 맡겨두면 안 되는 순간이 있다는 점을 그는 강하게 외쳤죠. 케인스는 말했어요.

"경제가 침체에 빠지는 이유는, 사람들이 물건을 안 사서 그래요. 수요가 부족한 거죠."

아니, 돈이 없어서 물건을 못 사는 건데, 대체 어쩌란 말인가요? 해법은 간단합니다. 정부가 나서는 거예요.

"정부가 직접 돈을 쓰세요. 사람들 주머니에 돈이 돌게 만들어야 합니다."

그는 실제로 당시 미국 대통령인 프랭클린 D. 루스벨트 Franklin D. Roosevelt에게 이런 내용을 담은 편지도 보냈어요.

"지금 당장은 힘들겠지만, 정부 지출이 시작되면 그 효과는 눈덩이처럼 불어납니다. 처음엔 작아 보여도, 나중엔 엄청난 소비와 일자리를 만들어낼 거예요."

이것이 바로 승수효과 multiplier effect입니다. 하나의 정부 지출이 그 몇 배 이상의 경제적 효과를 만든다는 뜻이죠.

그런데 케인스는 유명한 비유를 통해 여기서 한발 더 나아갑니다. 먼저 빈 병에 지폐를 넣고, 그걸 버려진 탄광에 묻고, 그 위에 쓰레기를 덮어요. 그런 다음 기업들한테 말해요. "자, 저기 묻어놓은 돈, 파내러 가세요." 그럼 사람들은 파묻힌 돈을 꺼내기 위해 일을 하게 됩니다. 돈을 벌고, 그 돈으로 다시 소비가 돌고⋯ 이게 계속 반복되는 거죠. 물론 좀 황당한 얘기처럼 들릴 수도 있습니다. 하지만 케인스가 진짜로 말하고 싶었던 건 이거예요.

"가만히 있느니 뭐라도 하는 게 낫다."

건물을 짓든, 도로를 깔든, 나무를 심든 '의미 있는 지출'이 시작되면, 경제는 다시 숨을 쉬어요. 즉 "불황일 땐 긴축보다 지

출이 해답이다." 이게 바로 케인스가 던진 메시지였죠.[4]

코로나19 팬데믹으로 전 세계가 멈춰 섰던 그때 기억나시죠? 공장은 돌아가지 않고, 상점 문은 닫히고, 일자리는 하루아침에 사라졌어요. 수요도, 공급도 동시에 얼어붙은 초유의 상황이었죠.

그때 각국 정부가 뭘 했죠? 네. 전례 없는 재정지출을 통해 그야말로 돈을 쏟아부었습니다. 만약 타임머신을 타고 온 케인스가 이 모습을 지켜봤다면, 아마 크게 박수를 쳤을 겁니다. "맞아요! 이럴 땐 써야 합니다!"라고 말하면서요.

그는 기업이 움츠리고, 가계가 지갑을 닫는다면, 정부가 나서서 지출을 늘려 일자리를 만들고, 세금을 깎고, 소비할 힘을 줘야 한다고 생각했어요. 이걸 경제학에선 재정 확대 fiscal expansion라고 부릅니다.

그런데 케인스가 무턱대고 "무조건 지출! 끝도 없이 지출!" 이랬던 건 아닙니다. 중요한 건 타이밍과 규모, 그리고 '지출의 질'이에요. 급격한 침체 앞에서는 빠르고 적극적인 대응이 필요하지만, 이후에 경기가 회복되면 점차 정상화돼야 하는 것이죠.

그는 실제로 "긴축재정은 불황이 아니라 호황일 때 해야 한다 The boom, not the slump, is the right time for austerity"라고 말하기도

했습니다.[5]

케인스를 지출주의자로만 보는 건 오해예요. 그보다는 시장에 모든 걸 맡겨두는 것만으론 부족하다고 본 사람이었죠. 다시 말해 보이지 않는 손이 멈췄을 때, 그 빈자리를 '정부의 손'이 메워야 한다고 말한 사람. 그게 바로 케인스였어요.

경기 안정의 핵심은
시장에 풀리는 '돈'에 있다!

다만, 케인스의 이론에 모든 경제학자들이 동의한 것은 아니었습니다.[6] 대표적인 인물이 바로 밀턴 프리드먼이었어요.

"정부가 나서는 건 좋은데, 너무 많이 나서면 오히려 더 안 좋을 수 있어요. 경제도 망치고, 개인의 자유까지 침해할 수 있거든요."

프리드먼이 보기에, 경기를 안정시키는 데 가장 중요한 건 '돈', 즉 통화정책 monetary policy이었어요. 돈을 얼마나 풀지, 중앙은행이 언제 브레이크를 밟고, 언제 가속페달을 밟을지를 조절하는 게 핵심이라고 본 거죠.

다만, 그는 "상황 봐서 그때그때 알아서 조절하자"는 식에는 회의적이었어요. 오히려 중앙은행이 예측 가능한 규칙을 세워 꾸준히 통화량을 관리해야 한다고 강조했죠. 그래야 시장이 불확실성에 흔들리지 않고, 경기가 크게 요동치는 것도 막을 수 있다고 봤어요.[7]

서로 반대 지점에 서 있다 보니, 케인스의 이론을 따르는 경제학자들과 프리드먼의 이론을 따르는 경제학자들은 1950년대부터 1970년대까지 설전을 이어 나갔습니다.

프리드먼은 이렇게 경고했죠.

"정부가 물가에는 신경 쓰지 않고 일자리만 늘리겠다고 돈을 계속 풀면, 단기적으로는 고용이 나아질 수 있어도 결국 인플레이션만 심해지고 실업도 다시 늘어나게 될 겁니다."

그리고 시간이 흘러 1970년대에 들어서자, 두 차례의 오일쇼크가 터지면서 에너지 가격이 폭등했어요. 생산비 부담이 커지자 물가는 치솟았고, 기업 활동은 위축되며 경기는 얼어붙고 실업률이 올라갔어요. 스테그플레이션 stagflation 이라고 불리는 이러한 상황 속에서 경제학계와 정책 당국은 통화주의적 시각에 점차 주목하기 시작했어요. 실제로 1979년 미국 연준 의장에 취임한 폴 볼커 Paul Volcker 는 인플레이션을 잡기 위해 강력한 금리 인상과 통화 공급 억제 정책을 단행했는데, 이는 프리드먼의 통화주의에 영향을 받은 현실적 대응으로 평가됩니다. 결국 스테그플레이션을 계기로 프리드먼의 이론은 정책 논쟁 속에서 점차 주류 경제학의 기반으로 자리 잡게 되었습니다.[8]

그 뒤로 본격적인 통화정책의 시대가 막을 열었습니다. 오늘날 프리드먼의 영향력은 굉장히 커서 현대의 통화 이론 자체와 거의 동일시될 정도랍니다. 실제로 2008년 글로벌 금융위기나 코로나19 팬데믹에 대응하기 위해 연준이 사용했던 제로금리와 양적완화quantitative easing, QE의 바탕에는 프리드먼의 통화이론들이 일부분 자리하고 있었어요.[9] 노벨 경제학상 수상자이자 연준 의장이었던 벤 버냉키Ben Bernanke는 "저는 밀턴 프리드먼의 외투를 입고 있어요. 우리는 지금 프리드먼이 하라고 했을 모든 일을 하고 있습니다"라고 말하기도 했죠.[10]

다만, 프리드먼 자신도 통화정책이 만능이라고는 생각하지 않았어요. 그는 이렇게 말했죠.

"단기적으로 효과가 있을 겁니다. 하지만 영원히 통하지는 않아요."

이게 무슨 얘기냐고요? 통화를 지속적으로 팽창시켜 실업률을 낮추려 하면 단기적으로는 고용이 늘 수 있어요. 그런데 그 상태로 계속 시간이 지나면 사람들이 인플레이션을 예상하게 되어 임금과 가격이 상승하게 되죠. 결국 실업률은 다시 원래 수준(자연실업률)으로 되돌아가고, 높은 인플레이션만 남는다고 본 것입니다. 이는 통화정책이 단기적으로는 효과가 있어도, 장기적으로는 실업을 줄이지 못하고 오히려 물가 불안만 초래할 수 있음을 의미해요.[11]

"인플레이션은 언제 어디서나 통화적 현상이다 Inflation is always and everywhere a monetary phenomenon."[12]

프리드먼의 이 한마디는 지금도 전 세계 중앙은행들이 가슴에 새기고 있는 문장이죠.

한편, 프리드먼은 중앙은행이 정치적 압력에 굴복하면 통화정책의 신뢰가 무너지고 인플레이션을 억제할 힘을 상실하게 된다고 경고했어요. 그는 정부가 단기적으로 인기나 경기부양을 위해 금리와 통화 공급을 좌지우지할 경우, 앞으로 돈이 더 풀려서 물가가 오를 것이라는 예상이 확산되고 결국 경제 전반이 더 큰 불안정에 빠질 것이라고 보았죠. 최근 트럼프 2기 행정부가 연준 인사 교체를 시도하고 금리 인하를 집요하게 압박하는 모습을 프리드먼이 봤다면, 중앙은행의 독립성과 신뢰성이 흔들리는 데 대해 크게 우려했을 것 같네요.[13]

비교우위, 세계 무역의 룰을 바꾸다

이제 마지막 주인공인 데이비드 리카도로 넘어가 볼까요?

리카도는 앞에서 본 경제학자들과는 조금 다른 길을 걸었어요. 그는 대학에 가는 대신 아버지를 따라다니며 주식 중개인으로 일했고, 그 와중에 주식, 채권, 부동산까지 직접 투자해서 엄청난 부자가 됐어요. 말 그대로, 책상이 아닌 실전에서 깨지고 구르며 단련된 경제학자였던 거죠. 이런 현장 경험을 바탕으로 리카도는 중요한 질문 하나를 던져요.

"모든 나라가 무역에서 이익을 볼 수는 없을까?"

당시는 애덤 스미스의 절대우위 absolute advantage 이론이 주류였어요. 절대우위는 어떤 한 국가가 다른 국가보다 더 적은 비용으로 특정 상품을 만들 수 있다면(또는 같은 자원으로 더 많이 생산할 수 있다면), 그 상품에 특화하여 무역을 해야 이익이 된다는 개념이에요.

"어떤 나라가 다른 나라보다 물건을 싸게 잘 만들 수 있으면, 당연히 그걸 만들어서 무역해야지!"

그냥 딱 들으면 너무나 맞는 말이죠. 그런데 여기서 리카도는 한 수 위의 생각을 합니다.

"싸게 만드는 것보다는 '기회비용'이 더 중요하지 않나요?"*

예를 들어, A국이 자동차도 잘 만들고 와인도 잘 만든다고 해봐요. B국은 자동차 만드는 데는 젬병이고, 그나마 와인 정도는 괜찮게 만들어요. 스미스식으로 보면 A국이 자동차와 와인 둘 다를 만들고, B국은 그냥 수입만 해야겠죠. 그런데 리카도는 이렇게 말합니다.

"잠깐만요. A국이 와인을 만들 시간에 더 많은 자동차를 만들 수 있다면, 그 시간에 와인까지 만드는 건 손해 아닐까요?"

그러니까 B국이 상대적으로 잘 만드는 와인 생산에 전념하고, A국은 자동차 생산에 집중하는 게 더 효율적이라는 거죠. 이게 바로 비교우위comparative advantage라는 개념이에요. 비교우위는 '내가 가장 잘하는 일'이 아니라 기회비용의 관점에서 '덜 손해보고 할 수 있는 일'에 집중하는 전략인데요. 각자 기회비용이 더 적게 드는 일을 맡는 것만으로도 서로에게 이득이 되는 것,

---

* 기회비용(opportunity cost)이란 어떤 선택을 할 때 포기해야 하는 다른 선택지 가운데 가장 큰 가치를 의미해요. A와 B라는 선택지 가운데 A를 고르게 되면 B를 선택했을 때 얻을 수 있었던 기회는 사라지게 되죠. 그 포기한 기회의 가치를 바로 기회비용이라고 부른답니다. 예를 들어, 저녁에 아르바이트를 하는 대신 친구와 영화를 보러 가기로 했다면, 아르바이트를 해서 벌 수 있었던 돈이 영화를 보기로 한 선택의 기회비용이 되는 것이죠.

그게 바로 비교우위의 핵심이랍니다.

이 이론 하나로 리카도는 세계 무역의 룰을 완전히 바꿔버렸어요.

"모든 나라는 무역을 통해 더 잘 살 수 있다. 자유무역이 모두에게 이익이다."[14]

이 단순하지만 강력한 논리는 이후 전 세계 무역정책의 기초가 되었지요.

이쯤에서 비교우위 이론의 위상을 보여주는 재미있는 일화를 하나 소개해드릴게요. 유명한 수학자 스타니스와프 울람 Stanisław Ulam이 하루는 노벨 경제학상 수상자인 폴 새뮤얼슨 Paul Samuelson에게 이런 질문을 던졌어요.

"누가 봐도 맞는 사실인데, 한 번에 딱 떠오르진 않는 그런 명답이 사회과학에 있을까요?"

새뮤얼슨은 자신 있게 대답했죠.

"리카도의 비교우위 이론이요."[15]

이 말은 곧, 비교우위 이론이 "우리도 이런 거 있어요!" 하고 경제학자들이 자연과학자들 앞에서 자랑스럽게 내세울 수 있는 이론임을 뜻해요. 말하자면, "자연과학에 아인슈타인의 상대성 이론이 있다면, 사회과학에는 리카도의 비교우위 이론이 있다"는 거죠. 그만큼 간명하면서도 한 번 이해하면 세상을 완전히 다르게 보게 만드는 개념이 바로 비교우위랍니다.

이 이론은 이후 수많은 경제학자들의 논문과 정책 설계의 기초가 되었어요. 실제로 제2차 세계대전 이후 세계 경제는 GATT General Agreement on Tariffs and Trade(관세 및 무역에 관한 일반협정)를 토대로 자유무역 중심으로 짜여지게 됐어요. 그리고 1995년에 WTO(세계무역기구)의 출범을 통해 국가 간 무역장벽을 낮추고 규칙 기반의 자유무역 체제를 만들고자 하는 국제적 흐름이 본격화되기 시작했죠. 거기에 양자 간, 지역 간 FTA(자유무역협정)까지 쏟아지면서 상품, 서비스, 자본의 흐름이 이전과는 비교도 안 되게 활발해졌답니다.

'트럼프 라운드'와 자유무역의 미래

하지만 견고하게 보였던 리카도의 이론에도 조금씩 균열이 생기게 되었어요. 대체 어떻게 된 걸까요?

무역에는 언제나 승자와 패자가 생기기 마련이에요. 나라 전체로 보면 경제는 성장하고, 물자는 풍부해지고, 선택지도 다양해지죠. 하지만 그 안을 들여다보면? 누군가는 일자리를 잃고, 어떤 지역은 경제가 쪼그라들 수 있습니다.

미국의 경우, 제조업이 활발했던 중서부 산업도시들이 대표적으로 그랬어요. 값싼 수입품의 공습으로 일자리를 잃은 지역들은 상대적으로 회복이 더뎠답니다.[16] 이는 정치적 불만과 분열로 이어졌죠. 트럼프 대통령의 무역정책은 이러한 불만을 정치적으로 포착한 결과였어요. 그는 자유무역이 미국을 망쳤다고 말하며, 다시 관세 장벽을 세우기 시작했죠.

"중국과의 무역은 불공정하다."

"국가 보조금을 받는 기업들과 싸우는 건 공정한 경쟁이 아니다."

일면 타당한 지점도 있어요. 어떤 나라는 자국 기업에 정부 돈을 몰아주고, 환율을 조작해 수출을 늘리는데, 미국 기업은 그런 상대랑 정면 승부를 해야 했으니까요. 당연히 불리하죠.[17] 또한, 중국 같은 나라들은 무역흑자를 통해 미국에서 벌어들인 막대한 외화를 바탕으로 경제를 성장시키고 군사력을 강화해왔어요. 이 과정에서 미국의 기술 및 안보와 직결된 자산들이 경쟁국의 자본에 노출될 수 있다는 우려도 커졌죠.[18]

트럼프는 이러한 구조를 문제 삼으며, 무역이 단편적인 경제 거래를 넘어 정치와 안보 측면에서 영향력을 행사하는 수단이 될 수 있다는 점을 강조했어요.

그렇다고 "트럼프의 정책이 완전히 옳았다"고 주장한다면, 그 역시 한쪽으로 기운 해석에 불과합니다. 보호무역 정책은 자유무역의 흐름을 위축시키고, 공급망의 연결성도 낮추기 때문이에요. 트럼프 1기 행정부의 관세 전쟁은 결국 미국 소비자들에게 더 높은 물가라는 '비용'으로 되돌아왔어요.[19]

무역을 통해 열렸을 수많은 가능성이 닫혀버렸다는 건, 장기적으로 훨씬 더 큰 손실일 수 있습니다. 그리고 자유무역에 대한 신뢰가 흔들리면 단지 수출입의 문제로 끝나지 않아요. 글로벌 공급망 전체가 흔들릴 수 있거든요. 실제로 우리는 코로나19 팬데믹을 통해 그걸 경험했죠. 국가 간 이동이 제한되고 주요 부품 공급이 차단되자, 평소 당연하게 여겼던 물자의 흐름이 멈춰서고, 생산 차질과 가격 급등으로 이어졌어요.

그뿐만이 아닙니다. 자유무역이 제한되면 무역량이 줄어드는 데 그치지 않아요. '글로벌 공급망'이라는 복잡하고 정교한 시스템의 연결이 끊어지면, 우리가 지금까지 누려왔던 값싸고 다양한 소비재, 빠른 배송, 효율적인 생산 구조 등도 더 이상 당연하지 않게 되죠.

세계 곳곳에서 생산된 부품과 자원이 무리 없이 제시간에 도착해야만 모든 것이 제대로 돌아가는 오늘날의 경제 구조에서 무역의 후퇴는 곧 '우리의 삶'의 후퇴로 이어질 가능성이 큽니다. 보호무역이 단기적으로는 국내 산업을 방어할 순 있어도 그 대가로 우리가 그동안 누려온 선택지와 삶의 질을 조금씩 깎아먹게 될지도 몰라요.

지금 우리는 '트럼프 라운드'라고 불리는 거대한 변화를 목격하고 있어요.[20] 미국이 세계 각국에 부과한 관세는 기존의 무역 질서에 어떻게든 흔적을 남기게 될 거예요. 그리고 우리 삶에도 영향을 미치게 되겠죠.

이건 어쩌면 트럼프의 임기에만 국한된, 그러니까 단기간에 정리될 수 있는 이야기가 아닐지도 몰라요. 왜냐하면 정부 부채가 계속 쌓여가고 있는 미국에게 관세를 통해 들어오는 조세 수입은 너무나도 달콤하기 때문에, 다음 미국 대통령이 누가 되든 그 유혹을 쉽게 뿌리치기는 힘들 수 있기 때문이에요.[21]

관세라는 장애물 앞에서 전 세계가 지금까지 함께 쌓아온 '신뢰의 체계'를 어떻게 유지하고 복원할 것인가에 따라, 자유무역의 미래가 결정될 것입니다.

결국 이야기는 돌고 돌아 다시 이 책의 출발점으로 돌아오게 되었습니다. 글로벌 공급망, 그리고 우리가 사는 이 세계의 연결로 말이죠.

에필로그

'경제의 눈'이 트이면
새로운 세상이 펼쳐집니다

　이제 막 대학에 들어온 학생들을 대상으로 한 경제학 수업은 초반 내용이 생각보다 그리 어렵지 않습니다. 한 나라 안에서 일어나는 경제활동에 초점을 맞추기 때문이죠. 다른 나라는 존재하지 않는다고 가정하고, 그저 하나의 국가가 생산하고 소비하고 저축하는 이야기부터 배웁니다. 이걸 폐쇄경제closed economy라고 부르는데요. 비교적 단순해서 머릿속에서 개념들이 차곡차곡 정리되는 느낌이 들죠.

　하지만 학기가 중반을 넘어가면, 다른 세계가 갑자기 '짠!'

하고 열려요. 외국과 무역을 하고, 돈이 국경을 넘어 흐르기 시작하죠. 바로 개방경제 open economy 입니다. 이때부터 학생들의 얼굴이 살짝 어두워지는 게 보여요. 환율, 무역수지, 자본이동, 금리 차이…. 봐야 할 변수는 많아지고, 방향은 얽히고설켜서 한눈에 보이던 흐름이 자꾸 퍼즐처럼 어지럽게 흩어져버리죠.

그렇다고 도망칠 수는 없어요. 왜냐하면 우리가 사는 현실은 그 복잡한 개방경제 위에서 돌아가고 있으니까요. 뉴스에서 달러가 강세다, 반도체 수출이 늘었다, 미국 국채금리가 떨어졌다, 이런 얘기들이 실제로 우리 삶에 어떤 영향을 미치는지 알려면 결국 개방경제를 마주할 수밖에 없어요.

믿기 어려울 수도 있지만, 이 책에서 다룬 많은 내용들이 바로 이 개방경제와 관련된 것들이었습니다. 그리고 여러분은 그 복잡하고 어렵다고 여겨지는 개방경제의 핵심들을 무리 없이 소화해내면서 여기까지 오신 것이고요. 축하드려요. 이제 여러분은 닫힌 세계의 창문을 활짝 열어젖히고, 탁 트인 열린 세계를 바라볼 수 있는 눈을 갖게 된 거랍니다.

하지만 여기가 끝이 아니죠. 오히려 책을 덮은 이후가 더 중요해요. 앞으로 뉴스 헤드라인이나 SNS의 숏폼 영상을 볼 때 "이게 내 일상과는 어떤 관련이 있을까?" 하고 한 번쯤 멈춰보시기 바랍니다. 늘 가던 식당의 점심 메뉴는 왜 갑자기 올랐는지, 왜 그 인터넷 쇼핑몰은 잊을 만하면 할인 쿠폰을 뿌리는지, 관세는 내 연금 저축의 수익률에 어떤 영향을 미치게 될지…. 이런 질문들이 이제는 조금 다른 각도로 보일 거예요.

개인적으로 저는 에드워드 호퍼 Edward Hopper의 미술 작품을 좋아하는데요. 그의 그림은 일상의 풍경을 틀에 박히지 않은 시선으로 새롭게 바라보는 것이 특징이에요. 호퍼의 작품을 보고 나면, 우리 주변의 평범한 풍경들조차 이전과는 조금 다르게 보인답니다. 이 책이 여러분들에게 호퍼의 그림 같은 존재가 된다면 정말 기쁠 것 같아요.

경제를 공부한다는 건, 단순히 정답을 외우는 게 아니라 '왜 그런가'를 질문하는 감각을 기르는 일이기 때문입니다. 그 감각이 생기면 세상의 변화가 훨씬 더 생생하게 다가와요. 뉴스 한 줄, 환율의 미묘한 움직임, 정부의 결정 하나가 어디서 시작돼서 어디로 흘러가고, 결국 내 자산과 일과 일상에 어떻게 닿는지를 스스로 연결해볼 수 있게 되죠.

이 책은 단지 한번 읽는 것으로 끝이 아닙니다. 이제는 여러분만의 눈과 언어로 세상의 흐름을 해석하는 훈련이 시작되는 거예요.

가장 개인적인 오늘의 선택이 가장 거대한 흐름과 맞닿아 있다는 걸 알아차리는 순간, 여러분은 이미 세상을 경제의 눈으로 읽기 시작한 겁니다.

에필로그

주

프롤로그_ 나의 지극히 개인적인 선택이 세상의 거대한 흐름을 만듭니다

1. 데이비드 J. 스미스. (2011). 《지구가 100명의 마을이라면》. 노경실 역, 푸른숲주니어.
2. Statista. Distribution of the global population 2024 by continent.(검색일: 2025.3.16.) https://www.statista.com/statistics/237584/distribution-of-the-world-population-by-continent/
3. Hickel, J., Lemos, M. H. & Barbour, F. (2024). Unequal exchange of labour in the world economy. Nature Communications, 15(1), 6298. https://doi.org/10.1038/s41467-024-49687-y

1장. 경제 뉴스 속 이야기는 어떻게 나의 일상을 파고들까?

전쟁은 우크라이나에서 났는데 왜 우리나라 빵 값이 오를까?

1. Antràs, P. & Chor, D. (2022). Global value chains. Handbook of International Economics, 5, 297-376.
2. Organisation for Economic Co-operation and Development, https://www.oecd.org/en/topics/policy-issues/global-value-and-supply-chains.html
3. Thakur-Weigold, B. & Miroudot, S. (2024). Promoting resilience and preparedness in supply chains. OECD Trade Policy Papers No. 286. https://www.oecd.org/

en/publications/promoting-resilience-and-preparedness-in-supply-chains_be692d01-en.html

4   J.P. Morgan. (2023, February 22). Inflation and the auto industry: When will car prices drop?. https://www.jpmorgan.com/insights/global-research/autos/when-will-car-pricesdrop

5   김지섭. (2025년 9월 3일). 빵값 6개월째 6%대 급등⋯전체 물가상승률 3배 넘어. 조선일보. https://www.chosun.com/economy/2025/09/03/JCFAF4OQTRBEXPSP4ZU32QE5JY/

6   Henry, P. (2021, November 11). How logjams at LA's ports highlighted the global supply chain crisis – and pointed to ways to fix it. World Economic Forum. https://www.weforum.org/stories/2021/11/global-supply-chain-crisis-los-angeles-port/

7   Sanders, N. R. (2023, June). Companies are reshoring and diversifying supply chains in a post-pandemic world. Insight @ Center for Emerging Markets, Northeastern University. https://damore-mckim.northeastern.edu/news/reshoring-and-diversifying-supply-chains-post-pandemic/

8   Barbieri, P., Boffelli, A., Elia, S., Fratocchi, L., Kalchschmidt, M. & Samson, D. (2020). What can we learn about reshoring after Covid-19?. Operations Management Research, 13, 131-136. https://doi.org/10.1007/s12063-020-00160-1

9   Ramani, V., Ghosh, D., & Sodhi, M. S. (2022). Understanding systemic disruption from the Covid-19-induced semiconductor shortage for the auto industry. Omega, 113, 102720. https://doi.org/10.1016/j.omega.2022.102720

10   Ulate, M., Vasquez, J. P. & Zarate, R. D. (2024). Labor market effects of global supply chain disruptions. Journal of Monetary Economics, 149, 103724, 1-13. https://doi.org/10.1016/j.jmoneco.2024.103724

11   Ibid. 12.

12   World Bank Open Data, https://data.worldbank.org/indicator/NE.EXP.GNFS.ZS.(검색일: 2024.1.12.)

우리 삶을 조용히 흔들고 있는 돈, 달러

1. Bertaut, C., Beschwitz, B. V. & Curcuru, S. (2023, June 23). The international role of the US dollar. FEDS Notes. Washington: Board of Governors of the Federal Reserve System. https://www.federalreserve.gov/econres/notes/feds-notes/the-international-role-of-the-us-dollar-post-covid-edition-20230623.html

2. Parker, C. (2016, June 27). A short history of the British pound. World Economic Forum. https://www.weforum.org/stories/2016/06/a-short-history-of-the-british-pound/

3. Dimsdale, N. H. (1981). British monetary policy and the exchange rate 1920-1938. Oxford Economic Papers, 33, 306-349. https://www.jstor.org/stable/2662793

4. Federal Reserve Bank of St. Louis. (1989, June). The International Gold Standard and U.S. Monetary Policy from World War I to the New Deal. Federal Reserve Bulletin. https://fraser.stlouisfed.org/files/docs/meltzer/craint89.pdf

5. Eichengreen, B. & Flandreau, M. (2008). The rise and fall of the dollar, or when did the dollar replace sterling as the leading international currency? (No. w14154). National Bureau of Economic Research. https://www.nber.org/papers/w14154

6. Federal Reserve History. Creation of the Bretton Woods System. https://www.federalreservehistory.org/essays/bretton-woods-created

7. Wong, A. (2016, May 31). The untold story behind Saudi Arabia's 41-year U.S. debt secret. Bloomberg. https://www.bloomberg.com/news/features/2016-05-30/the-untold-story-behind-saudi-arabia-s-41-year-u-s-debt-secret

8. Ma, S. (2025, January 16). China's yuan on the rise in oil trade, but petrodollar here to stay: report. South China Morning Post. https://www.scmp.com/economy/global-economy/article/3295048/chinas-yuan-rise-oil-trade-petrodollar-here-stay-report

9. Chang, C., Rana, V., Gupta, Z. & Rezvijs, V. (2024, August 20). Saudi-China ties and renminbi-based oil trade. S&P Global Ratings and S&P Global Commodity Insights. https://www.spglobal.com/en/research-insights/special-reports/saudi-china-ties-and-renminbi-based-oil-trade

10. von Beschwitz, B. (2024, August 30). Internationalization of the Chinese renminbi:

progress and outlook. FEDS Notes. Washington: Board of Governors of the Federal Reserve System, https://doi.org/10.17016/2380-7172.3592

11 O'Hanlon, M. E. (2024, August 15). Could the United States and China really go to war? Who would win?. The Brookings Institution. https://www.brookings.edu/articles/could-the-united-states-and-china-really-go-to-war-who-would-win/

12 Dalio, R. (2021). Principles for Dealing with the Changing World Order: Why Nations Succeed or Fail. New York: Simon and Schuster, 463-464.

눈 떠보니 파산? 은행에 맡긴 내 돈은 정말 안전할까?

1 Naveed, M., Ali, S., Gubareva, M., & Omri, A. (2024). When giants fall: Tracing the ripple effects of Silicon Valley Bank (SVB) collapse on global financial markets. Research in International Business and Finance, 67, 102160.

2 Barrett, J. (2023, March 13). Silicon Valley Bank: why did it collapse and is this the start of a banking crisis?. The Guardian. https://www.theguardian.com/business/2023/mar/13/silicon-valley-bank-why-did-it-collapse-and-is-this-the-start-of-a-banking-crisis

3 Demos, T. (2023, March 14). What happened with Silicon Valley Bank?. The Wall Street Journal. https://www.wsj.com/articles/silicon-valley-bank-svb-financial-what-is-happening-299e9b65

4 예금보험공사. 예금자보호제도. https://www.kdic.or.kr/sp/dpstrprot/ProtSyst/selectScrn.do (검색일: 2025.3.16.)

5 금융위원회. (2025년 7월 22일). '25. 9. 1일부터 예금을 1억 원까지 보호합니다. 보도참고자료. https://www.fsc.go.kr/no010101/84974

6 Bhagat, S. & Laurion, H. (2024, January 31). Silicon Valley Bank demise: Causes and the path forward. Harvard Law School Forum on Corporate Governance. https://corpgov.law.harvard.edu/2024/01/31/silicon-valley-bank-demise-causes-and-the-path-forward/

7 Baker Library. (2018). Lehman brothers: A history, 1850-2008. Harvard Business School. https://www.library.hbs.edu/hc/lehman/

8 Bank for International Settlements. (2010, December). Basel III: A global regulatory

framework for more resilient banks and banking systems. https://www.bis.org/publ/bcbs189.pdf

9 조재영. (2023년 5월 8일). 금융회사 건전성 지표, 간편하게 확인하는 방법. 한경닷컴 The Moneyist. https://www.hankyung.com/article/202305077925Q

'남의 나라' 부채에 우리가 계속 신경을 써야 하는 이유

1 International Monetary Fund (IMF). (2024, October). Fiscal monitor: Putting a lid on public debt. Washington, DC: IMF, 1. https://www.imf.org/en/Publications/FM/Issues/2024/10/23/fiscal-monitor-october-2024

2 International Monetary Fund. (2025, April). World Economic Outlook. https://www.imf.org/external/datamapper/NGDPD@WEO/KOR?year=2025 (검색일: 2025.7.5.)

3 U.S. Government Accountability Office. America's fiscal future. https://www.gao.gov/americas-fiscal-future (검색일: 2025.3.17.)

4 Bogage, J. (2025, June 23). How the national debt affects the U.S. — and you — in 10 charts. The Washington Post. https://www.washingtonpost.com/business/2025/06/23/national-debt-you-charts/

5 Committee for a Responsible Federal Budget. (2023, October 24). 2023 interest costs reach $659 billion. https://www.crfb.org/blogs/2023-interest-costs-reach-659-billion

6 Wallerstein, E. (2024, February 16). A $1 trillion conundrum: The U.S. government's mounting debt bill. The Wall Street Journal. https://www.wsj.com/finance/the-u-s-government-will-soon-spend-more-oninterest-payments-than-defense-ee6fbeec

7 Partington, R. (2022, October 20). The mini-budget that broke Britain - and Liz Truss. The Guardian. https://www.theguardian.com/business/2022/oct/20/the-mini-budget-that-broke-britain-and-liz-truss

8 Caldara, D., Ferrante, F., & Queralto, A. (2022). International spillovers of tighter monetary policy. FEDS Notes No. 2022-12-22. https://www.federalreserve.gov/econres/notes/feds-notes/international-spillovers-of-tighter-monetary-policy-

20221222.html

9   구병수, 지성민, 윤지유. (2024년 4월 1일). 최근 글로벌 통화긴축기 중 미국 국채금리의 국내 파급영향 확대 배경 및 평가. BOK 이슈노트 (제2024-8호). 한국은행.

10   Al-Haschimi, A. & Spital, T. (2024). The evolution of China's growth model: challenges and long-term growth prospects. Economic Bulletin Articles, European Central Bank, vol. 5. https://www.ecb.europa.eu/press/economic-bulletin/articles/2024/html/ecb.ebart202405_01~a6318ef569.en.html

11   Bracken, K. (2023, September 14). What's led to China's property-market woes and what does that mean for the world?. World Economic Forum. https://www.weforum.org/stories/2023/09/china-real-estate-slump

12   DiPippo, G. (2025, February 18). Focus on the new economy, not the old: Why China's economic slowdown understates gains. RAND Corporation. https://www.rand.org/pubs/commentary/2025/02/focus-on-the-new-economy-not-the-old-why-chinas-economic.html

13   KIEP 북경사무소. (2023년 7월 28일). 중국의 거시부채 현황 및 평가. KIEP 북경사무소 브리핑(Vol. 25, No. 3). 대외경제정책연구원. p.7.

14   상게서. p.5.

15   주혜원, 김윤경. (2023년 10월 20일). 중국지방정부자금조달기구(LGFV) 위험 점검. Issue Analysis. 국제금융센터. p.6.

16   Bradsher, K. (2023, July 8). Why China has a giant pile of debt. The New York Times. https://www.nytimes.com/2023/07/08/business/china-debt-explained.html

17   Greene, R. (2024, October). China's dollar dilemma. Carnegie Endowment for International Peace. https://carnegieendowment.org/research/2024/10/chinas-dollar-dilemma; International Monetary Fund. (2024, February 2). People's Republic of China: Staff Report for the 2023 Article IV Consultation. 76. https://www.imf.org/en/Publications/CR/Issues/2024/02/01/People-s-Republic-of-China-2023-Article-IV-Consultation-Press-Release-Staff-Report-and-544379

18   Prasad, E. S. (2023). China stumbles but is unlikely to fall. International Monetary Fund. https://www.imf.org/en/Publications/fandd/issues/2023/12/China-bumpy-path-Eswar-Prasad

19 Davidson, H. (2024, November 8). China unveils 10tn yuan support for debt-stricken local government. The Guardian. https://www.theguardian.com/business/2024/nov/08/china-unveils-10tn-yuan-support-for-debt-stricken-local-government

2장. 기술이 돈이 되는 시대, 나의 일과 삶은 어떻게 달라질까?

빅테크 기업은 정말 세상을 바꿀 수 있을까?

1 International Monetary Fund. IMF DataMapper. https://www.imf.org/external/datamapper/profile/KOR.(검색일: 2025.3.1.)

2 Balbi, D. (2023, June 15). How Microsoft's $13 billion bet made it a force in AI. Bloomberg. https://www.bloomberg.com/news/newsletters/2023-06-15/how-chatgpt-openai-made-microsoft-an-ai-tech-giant-big-take

3 Backlinko team. (2024, December 10). iPhone vs Android Statistics. Backlinko. https://backlinko.com/iphone-vs-android-statistics

4 Backlinko team. (2025, January 30). Facebook User & Growth Statistics. Backlinko. https://backlinko.com/facebook-users

5 Why America's tech giants have got bigger and stronger. (2024, August 24). The Economist. https://www.economist.com/business/2024/08/22/why-americas-tech-giants-have-got-bigger-and-stronger

6 Osman, J. (2024, June 30). Big tech's overpowering influence: Risks to markets and your money. Forbes. https://www.forbes.com/sites/jimosman/2024/06/30/big-techs-overpowering-influence-risks-to-markets-and-your-money/

7 Makridis, C. A. & Thayer, J. (2023). The big tech antitrust paradox: A reevaluation of the consumer welfare standard for digital markets. Stanford Technology Law Review, 27, 71. https://law.stanford.edu/publications/the-big-tech-antitrust-paradox-a-reevaluation-of-the-consumer-welfare-standard-for-digital-markets/

8 Lamoreaux, N. R. (2019). The problem of bigness: From Standard Oil to Google. Journal of Economic Perspectives, 33(3), 94-117. https://doi.org/10.1257/jep.33.3.94

9 Dou, E. (2025, September 2). Judge bars Google from exclusive search deals but says it can keep Chrome. The Washington Post. https://www.washingtonpost.com/technology/2025/09/02/google-search-monopoly-antitrust-remedy/

10 McCabe, D. (2024, August 5). 'Google is a monopolist,' Judge rules in landmark antitrust case. The New York Times. https://www.nytimes.com/2024/08/05/technology/google-antitrust-ruling.html

11 McCabe D. & Grant, N. (2024, December 20). What's next for Google's search monopoly. The New York Times. https://www.nytimes.com/2024/12/03/technology/google-search-antitrust-judge.html

12 Borr, T. G. (2023, November 13). Can America regulate big tech at all?. The Economist. https://www.economist.com/the-world-ahead/2023/11/13/can-america-regulatebig-tech-at-all

13 Is artificial intelligence making big tech too big?. (2023, November 13). The Economist. https://www.economist.com/business/2024/06/23/is-artificial-intelligence-making-big-tech-too-big

14 Schumpeter, J. A. (2010). Capitalism, Socialism and Democracy. London: Routledge, 77-78.

'싸게 잘' 만들기 시작한 중국, 세계를 뒤흔들다

1 대외경제정책연구원. (2015년 6월 11일). '중국제조 2025' 추진배경과 중점분야. 한중경제포럼(제15-03호).

2 연원호. (2021). 미·중 갈등과 중국의 반도체 산업 육성전략 및 전망. KIEP 세계경제 포커스 21-39. 대외경제정책연구원.

3 권석준. (2022).《반도체 삼국지》. 뿌리와이파리. pp.116-119.

4 Miller, C. (2022). Chip War: The Fight for the World's Most Critical Technology. New York: Simon and Schuster, 225-230.

5   Shivakumar, S., Wessner, C. & Howell, T. (2022, November 14). A seismic shift: The new U.S. semiconductor export controls and the implications for U.S. firms, allies, and the innovation ecosystem. Center for Strategic and International Studies. https://www.csis.org/analysis/seismic-shift-new-us-semiconductor-export-controls-and-implications-us-firms-allies-and

6   China is quietly reducing its reliance on foreign chip technology. (2024, February 13). The Economist. https://www.economist.com/business/2024/02/13/china-is-quietly-reducing-itsreliance-on-foreign-chip-technology

7   Should the world fear China's chipmaking binge?. (2024, June 6). The Economist. https://www.economist.com/business/2024/06/06/should-the-world-fear-chinas-chipmaking-binge

8   The soldiers of the silicon supply chain are worried. (2024, May 30). The Economist. https://www.economist.com/business/2024/05/30/the-soldiers-of-the-silicon-supply-chain-are-worried

9   Hayakawa, K., Pyun, J. H., Yamashita, N., & Yang, C. H. (2024). Ripple effects in regional value chains: Evidence from an episode of the US-China trade war. The World Economy, 47(3), 880-897. https://doi.org/10.1111/twec.13444

10 정형곤, 윤여준, 연원호, 김서희, 주대영. (2021).《미중 반도체 패권 경쟁과 글로벌 공급망 재편》. 대외경제정책연구원. p.151.

11 정형곤 외, (2021). 상게서. p.161.

12 Tongin, Z. & Peng, D. (2024, April 30). Made in China 2025: China meets most targets in manufacturing plan, proving US tariffs and sanctions ineffective. South China Morning Post. https://www.scmp.com/news/china/science/article/3260307/made-china-2025-china-meets-most-targets-manufacturing-plan-proving-us-tariffs-and-sanctions

13 Tang, C. (2025, February 2). Why Beijing must move on from 'Made in China 2025' success. South China Morning Post. https://www.scmp.com/opinion/china-opinion/article/3296476/why-beijing-must-move-made-china-2025-success

14 Butts, D. (2025, March 28). U.S. tech giants are betting big on humanoid robots — but China's already ahead, analysts say. CNBC. https://www.cnbc.com/2025/03/28/china-already-ahead-of-us-in-humanoid-robot-

race-analysts-say-.html

15　Tongin Z. & Peng, D. (2024, April 30). Made in China 2025: China meets most targets in manufacturing plan, proving US tariffs and sanctions ineffective. South China Morning Post. https://www.scmp.com/news/china/science/article/3260307/made-china-2025-china-meets-most-targets-manufacturing-plan-proving-us-tariffs-and-sanctions

16　한우덕. (2024년 5월 13일). '중국 제조 2025'가 만든 균열, 중앙일보. https://www.joongang.co.kr/article/25248757

17　Can Shein and Temu survive Trump's trade war?. (2025, April 30). The Economist. https://www.economist.com/business/2025/04/30/can-shein-and-temu-survive-trumps-trade-war

18　Butts, D. (2025, June 10). Temu and Shein are pivoting to Europe in face of U.S. tariffs. But they may not get a warm welcome. CNBC. https://www.cnbc.com/2025/06/10/as-temu-shein-pivot-to-europe-they-again-meet-regulatory-scrutiny-.html

19　환경부. (2024년 9월 19일). 알리·테무 등 직구 제품 69개 유통 차단…"안전기준 부적합". 대한민국 정책브리핑. https://www.korea.kr/news/policyNewsView.do?newsId=148934070

20　Shen, X. (2025, February 25). Made in China 2025: 4 questions on the country's manufacturing upgrade 10 years on. South China Morning Post. https://www.scmp.com/tech/tech-trends/article/3300047/made-china-2025-4-questions-countrys-manufacturing-upgrade-10-years

21　이정구. (2024년 3월 25일). '디플레이션' 수출하는 중국… 내수 침체되자 헐값 공세. 조선일보. https://www.chosun.com/economy/industry-company/2024/03/23/NE75NOO2SJGZVBPY4VX2VTZMEU/

활용하거나 대체되거나, AI 시대 내 일의 미래는?

1　Roucairol, M., Georgiou, A., Cazenave, T., Prischi, F., & Pardo, O. E. (2024). DrugSynthMC: An atom-based generation of drug-like molecules with Monte Carlo search. Journal of Chemical Information and Modeling, 64(18), 7097-7107.

https://doi.org/10.1021/acs.jcim.4c01451

2. Tyrangiel, J. (2025, January 5). Sam Altman on ChatGPT's first two years, Elon Musk and AI under Trump. Bloomberg Businessweek. https://www.bloomberg.com/features/2025-sam-altman-interview/

3. Ellingrud, K., Sanghvi, S., Dandona, G. S., Madgavkar, A., Chui, M., White, O. & Hasebe, P. (2023, July 26). Generative AI and the future of work in America. McKinsey Global Institute. https://www.mckinsey.com/mgi/our-research/generative-ai-and-the-future-ofwork-in-america

4. Garin, A., Jackson, E., Koustas D. K. & Miller, A. (2023). The evolution of platform gig work, 2012–2021 (No. w31273). National Bureau of Economic Research. https://www.nber.org/papers/w31273

5. Beane, M. (2024, July 22). Gen AI is coming for remote workers first. Harvard Business Review. https://hbr.org/2024/07/gen-ai-is-coming-for-remote-workers-first

6. Demirci, O., Hannane, J. & Zhu, X. (2025). Who is AI replacing? The impact of generative AI on online freelancing platforms. Management Science, 71(10), 8097–8108. https://doi.org/10.1287/mnsc.2024.05420

7. Ibid. 8098.

8. Gmyrek, P., Berg, J. & Bescond, D. (2023, August). Generative AI and jobs: A global analysis of potential effects on job quantity and quality. International Labour Organization, ILO Working Paper 96. https://www.ilo.org/publications/generative-ai-and-jobs-global-analysis-potential-effects-job-quantity-and

9. Lassébie J. & Quintini, G. (2022). What skills and abilities can automation technologies replicate and what does it mean for workers? New evidence. Organization for Economic Co-operation and Development. OECD Social, Employment and Migration Working Papers No. 282. https://www.oecd.org/en/publications/what-skills-and-abilities-can-automationtechnologies-replicate-and-what-does-it-mean-for-workers_646aad77-en.html

10. Bessen, J. (2018). AI and jobs: The role of demand (No. w24235). National Bureau of Economic Research. https://www.nber.org/papers/w24235

11. Feigenbaum, J. & Gross, D. P. (2024). Answering the call of automation: How the

labor market adjusted to mechanizing telephone operation. The Quarterly Journal of Economics, 139(3), 1879-1939. https://doi.org/10.1093/qje/qjae005

12 Hampole, M., Papanikolaou, D., Schmidt, L. D., & Seegmiller, B. (2025). Artificial intelligence and the labor market (No. w33509). National Bureau of Economic Research. https://www.nber.org/papers/w33509

13 Romer, P. (1990). Endogenous technological change. Journal of Political Economy, 98(5), S71-S102. http://dx.doi.org/10.1086/261725

14 What if AI made the world's economic growth explode?. (2025, July 24). The Economist. https://www.economist.com/briefing/2025/07/24/what-if-ai-made-the-worlds-economic-growth-explode

15 Trammell, P. & Korinek, A. (2023). Economic growth under transformative AI (No. w31815). National Bureau of Economic Research. https://www.nber.org/papers/w31815

16 Drozd, L. A. & Tavares, M. (2024). Generative AI: A turning point for labor's share?. Economic Insights, 9(1), 2-11. https://www.philadelphiafed.org/the-economy/generative-ai-a-turning-point-for-labors-share

3장. 더 늙고 더 다양해진 일터, 인구 변화가 가져올 새로운 세계

현재 진행형 인구 소멸, 일할 사람들이 사라진다!

1 Nargund, G. (2009). Declining birth rate in developed countries: A radical policy re-think is required. Facts, Views & Vision in ObGyn, 1(3), 191. https://pmc.ncbi.nlm.nih.gov/articles/PMC4255510/

2 McKinsey Global Institute. (2025). Dependency and depopulation? Confronting the consequences of a new demographic reality. https://www.mckinsey.com/mgi/our-research/dependency-and-depopulation-confronting-the-consequences-of-a-new-demographic-reality

3 통계청. 인구동향조사.(검색일: 2025.3.23.)

4. Douthat, R. (2023, December 2). Is South Korea disappearing?. The New York Times. https://www.nytimes.com/2023/12/02/opinion/south-korea-birth-dearth.html

5. Goodhart, C. & Pradhan, M. (2020, October). The great demographic reversal. Economic Affairs, 40(3), 436-437.

6. Ibid. 441-442.

7. Independent Evaluation Group. (2019, May 28). World Bank support to aging countries. Approach Paper. World Bank Group.

8. 최연진, 김영우. (2024년 12월 25일). 국민 20%가 노인… 한국 초고령 속도 빠른 이유는. 조선일보. https://www.chosun.com/national/national_general/2024/12/25/SGES43WDY5F4JEUJYPWYLY54HU/

9. Roy, A. (2021). Demographics Unravelled: How Demographics Affect and Influence Every Aspect of Economics, Finance and Policy. John Wiley & Sons, 60.

10. 이은경, 천동민, 김정욱, 이동재. (2024). 우리 경제의 잠재성장률과 향후 전망. BOK 이슈노트. 제2024-33호. 한국은행. p.12.

11. 한요셉, 김도헌, 김민섭, 이종관. (2024). 인구감소 시대 인적자원의 효율적 활용을 위한 종합 연구. 한국개발연구원. pp.1-2.

12. Jaumotte, F., Koloskova, K. & Saxena, S. (2016, October 24) Migrants bring economic benefits for advanced economies. IMF Blog. International Monetary Fund. https://www.imf.org/en/Blogs/Articles/2016/10/24/migrants-bring-economic-benefits-for-advanced-economies

13. Campo, F., Forte, G., & Portes, J. (2024). The impact of migration on productivity: evidence from the United Kingdom. The BE Journal of Economic Analysis & Policy, 24(2), 537-564. https://doi.org/10.1515/bejeap-2023-0179

14. Goodhart, C., Eric, A. & Pradhan, M. (2020). The Great Demographic Reversal: Ageing Societies, Waning Inequality, and an Inflation Revival. London: Palgrave Macmillan, 10.

15. Bodnár, K. & Nerlich, C. (2022). The macroeconomic and fiscal impact of population ageing (No. 296). European Central Bank Occasional Paper. https://www.ecb.europa.eu/pub/pdf/scpops/ecb.op296~aaf209ffe5.en.pdf

16 Fukuda, S. Okumura, K. (2021). Aging and the real interest rate in Japan: A labor market channel (WP 21-23). Federal Reserve Bank of Philadelphia. https://www.philadelphiafed.org/-/media/frbp/assets/working-papers/2021/wp21-23.pdf

17 Kopecky, J. & Taylor, A. M. (2022). The savings glut of the old: Population aging, the risk premium, and the murder-suicide of the rentier (No. w29944). National Bureau of Economic Research. https://www.nber.org/papers/w29944

왜 글로벌 사우스의 젊은이들은 고향을 떠날까?

1 Patrick, S. & Huggins, A. (2023, August 15). The term "Global South" is surging. It should be retired. Carnegie Endowment for International Peace. https://carnegieendowment.org/posts/2023/08/the-term-global-south-is-surging-it-should-be-retired?lang=en

2 Hogan E. & Patrick, S. (2024, May 20). A closer look at the Global South. Carnegie Endowment for International Peace. https://carnegieendowment.org/research/2024/05/global-south-colonialism-imperialism?lang=en

3 United Nations Conference on Trade and Development. (2022). South-South Cooperation for Climate Adaptation and Sustainable Development. United Nations.

4 Solow, R. M. (1956). A contribution to the theory of economic growth. The Quarterly Journal of Economics, 70(1), 65-94. https://doi.org/10.2307/1884513

5 Acemoglu, D. & Robinson, J. (2012). Why Nations Fail: The Origins of Power, Prosperity, and Poverty. New York: Crown Business, 303-369.

6 The Prize in Economic Sciences. (2024). Popular information. The Royal Swedish Academy of Sciences. NobelPrize.org. Nobel Prize Outreach 2025. https://www.nobelprize.org/prizes/economic-sciences/2024/popular-information/

7 Why migration is in such a mess once more. (2023, November 9). The Economist. https://www.economist.com/international/2023/11/09/why-migration-is-in-such-a-mess-once-more

8 Organisation for Economic Co-operation and Development. (2024). International

Migration Outlook 2024. OECD Publishing, Paris. https://www.oecd.org/en/publications/2024/11/international-migration-outlook-2024_c6f3e803.html

9. Sahu, M. (2022). Contemporary labour migration from South Asia to the GCC states: Emerging challenges and prospects. Manpower Journal, 56(3-4), 53-74.

10. World Bank. (2023, June). Remittances remain resilient but are slowing. Migration and Development Brief 38. https://documents.worldbank.org/en/publication/documents-reports/documentdetail/099755208142498760/idu188f10cd71ae72148f11b63b16ef304800a43

11. Sadiq K. & Tsourapas, G. (2024, February 22). Reliant on labor migration, the Global South forges a new social contract with its citizens. Migration Policy Institute. https://www.migrationpolicy.org/article/global-south-migration-social-contract

12. Koechlin, V. & Gianmarco Leon, G. (2007). International remittances and income inequality: An empirical investigation. Journal of Economic Policy Reform, 10(2), 123-141. https://doi.org/10.1080/17487870701346514

13. Parreñas, R. (2005). Long distance intimacy: class, gender and intergenerational relations between mothers and children in Filipino transnational families. Global Networks, 5(4), 317-336. https://doi.org/10.1111/j.1471-0374.2005.00122.x

14. How to detoxify the politics of migration. (2023, December 20). The Economist. https://www.economist.com/leaders/2023/12/20/how-to-detoxify-the-politics-of-migration

15. Sherman, B. (2022, June 6). Changing the tide for the Gulf's migrant workers. Wilson Center. https://www.wilsoncenter.org/article/changing-tide-gulfs-migrant-workers

16. Nickell, S., Nickell, S. & Saleheen, J. (2015, December). The impact of immigration on occupational wages: Evidence from Britain. Staff Working Paper No. 574. Bank of England. https://www.bankofengland.co.uk/working-paper/2015/the-impact-of-immigration-on-occupational-wages-evidence-from-britain ; Carrasco, R., Jimeno, J. F. & Ortega, A. C. (2008). The effect of immigration on the labor market performance of native-born workers: some evidence for Spain. Journal of Population Economics, 21, 627-648.

17. Sá, F. (2015). Immigration and house prices in the UK. The Economic Journal,

125(587), 1393-1424. https://doi.org/10.1111/ecoj.12158; Gelatt, J. (2024, October). Explainer: Immigrants and the U.S. economy. Migration Policy Institute. https://www.migrationpolicy.org/content/explainer-immigrants-and-us-economy; Stimpson, J. P., Fernando A. W. & Eschbach, K. (2010). Trends in health care spending for immigrants in the United States. Health Affairs, 29(3), 544-550. https://doi.org/10.1377/hlthaff.2009.0400

18 How to make immigration palatable in a populist age. (2025, October 22). The Economist. https://www.economist.com/finance-and-economics/2025/10/22/how-to-make-immigration-palatable-in-a-populist-age

다른 회사의 구조조정, 나에게 어떤 영향을 미칠까?

1 Hoover, A. (2024, June 17). AI is coming for big tech jobs—but not in the way you think. WIRED. https://www.wired.com/story/ai-is-coming-for-big-tech-jobs-but-not-in-the-way-you-think/ ; Novet, J. (2025, July 2). Microsoft laying off about 9,000 employees in latest round of cuts. CNBC. https://www.cnbc.com/2025/07/02/microsoft-laying-off-about-9000-employees-in-latest-round-of-cuts.html

2 Organisation for Economic Co-operation and Development. (2016), Back to Work: United States: Improving the Re-employment Prospects of Displaced Workers, OECD Publishing, Paris. https://www.oecd.org/en/publications/back-to-work-united-states_9789264266513-en.html

3 Schroeder, B. (2023, April 3). Layoffs are fueling a new wave Of entrepreneurs. Here's how you can join them. Forbes. https://www.forbes.com/sites/bernhardschroeder/2023/04/03/layoffs-are-fuelinga-new-wave-of-entrepreneurs-heres-how-you-can-join-them/

4 Jaggi, B., Lin, B., Govindaraj, S., & Lee, P. (2009). The value relevance of corporate restructuring charges. Review of Quantitative Finance and Accounting, 32, 101-128. https://doi.org/10.1007/s11156-008-0088-5

5 Sucher, S. J. & Westner, M. M. (2022, December 8). What companies still get wrong about layoffs. Harvard Business Review. https://hbr.org/2022/12/what-companies-still-get-wrong-about-layoffs

6 Vermeulen, W. and Braakmann, N. (2023). How do mass lay-offs affect regional economies?. OECD Local Economic and Employment Development (LEED) Papers 2023/01. https://www.oecd.org/en/publications/how-do-mass-lay-offs-affect-regional-economies_99d48aeb-en.html

7 Spurgeon, A., Jackson, C. A., & Beach, J. R. (2001). The life events inventory: Re-scaling based on an occupational sample. Occupational Medicine, 51(4), 287-293. https://doi.org/10.1093/occmed/51.4.287

8 Layne, R. (2024), Layoffs surging in a strong economy? Advice for navigating uncertain times. Working Knowledge. Harvard Business School. https://www.library.hbs.edu/working-knowledge/layoffs-surging-in-strong-economy-advice-for-navigating-uncertain-times

9 Tergesen, A. & Dagher, V. (2025, July 19). Here's what a late-career layoff looks like in America, in 5 charts. The Wall Street Journal. https://www.wsj.com/personal-finance/retirement/heres-what-a-late-career-layoff-looks-like-in-america-in-5-charts-63f5c809

경제지표는 좋아졌다는데, 왜 내 삶은 더 팍팍하기만 할까?

1 Aratani, L. (2024, May 22). Majority of Americans wrongly believe US is in recession- and most blame Biden. The Guardian. https://www.theguardian.com/us-news/article/2024/may/22/poll-economy-recession-biden

2 Karabell, Z. (2014). (Mis)leading indicators; Why our economic numbers distort reality. Foreign Affairs, 93, 90-101. https://www.foreignaffairs.com/world/misleading-indicators

3 Pilling, D. (2018, January 25). Why GDP is a terrible metric for success and wealth. Time. https://time.com/5118026/gdp-metric-success-wealth/

4 통계청. 경제활동인구조사.(검색일: 2025.7.24.)

5 Claessens, S., & Kose, M. A. (2012). Recession: When bad times prevail. International Monetary Fund. https://www.imf.org/external/pubs/ft/fandd/basics/recess.htm

6 Meredith, S. (2024, August 5). Everyone is talking about the Sahm

recession indicator. Here's what you need to know. CNBC. https://www.cnbc.com/2024/08/05/recession-what-is-the-sahm-rule-and-why-is-everyone-talking-about-it.html

7   Malone, K., Romer, K., McCune, M. & Sneed, J. (Hosts). (2025, May 21). How economists (and TikTok) know if a recession is coming [Audio podcast episode]. In Planet Money. National Public Radio. https://www.npr.org/2025/05/21/1252663619/recession-indicator-tiktok-yield-curve-sahm-rule

현재를 사는 우리에게, 경제학의 거인들이 던지는 질문들

1   Smith, A. (1993). An Inquiry into the Nature and Causes of the Wealth of Nations. New York: Oxford University Press. (Original work published in 1776). 289-292.

2   Feldman, D., Dummit, K., Zuboy, J., Smith, B., Stright, D., Heine, M., & Margolis, R. (2023, October 26). Fall 2023 solar industry update (NREL/PR-7A40-88026). National Renewable Energy Laboratory. 54. https://www.nrel.gov/docs/fy24osti/88026.pdf

3   Wheelock, D. (2013, July 11). How bad was the Great Depression? Gauging the economic impact [Video]. Federal Reserve Bank of St. Louis. https://www.stlouisfed.org/the-great-depression/curriculum/economic-episodes-in-american-history-part-3

4   Keynes, J. M. (1991). The general Theory of Employment, Interest, and Money. Orlando: Harcourt, Brace, Jovanovich. (Original work published in 1936). 129-131.

5   Krugman, P. (2015, April 29). The austerity delusion. The Guardian. https://www.theguardian.com/business/ng-interactive/2015/apr/29/the-austerity-delusion

6   Yueh, L. (2019, June 5). What Keynes can teach us about government debt today. World Economic Forum. https://www.weforum.org/stories/2019/06/keynes-john-maynard-economics-government-spending/

7   Friedman, M. (1968). The role of monetary policy. American Economic Review, 58(1), 1-17. https://www.aeaweb.org/aer/top20/58.1.1-17.pdf

8   Kliesen, K. and Wheelock, D. (2021). Managing a new policy framework: Paul

Volcker, the St. Louis Fed, and the 1979-82 war on inflation. Federal Reserve Bank of St. Louis Review, First Quarter, 71-97. https://doi.org/10.20955/r.103.71-97

9   Nelson, E. (2013). Friedman's monetary economics in practice. Journal of International Money and Finance, 38, 59-83. https://doi.org/10.1016/j.jimonfin.2013.05.005

10 Chan, S. (2010, November 8). Friedman casts shadow as economists meet. New York Times. https://www.nytimes.com/2010/11/08/business/economy/08fed.html

11 Gordon, R. J. (2018). Friedman and Phelps on the Phillips curve viewed from a half century's perspective. Review of Keynesian Economics, 6(4), 425-436. https://doi.org/10.4337/roke.2018.04.03

12 Schwartz, A. J., & Friedman, M. (2008). A Monetary History of the United States, 1867-1960. Princeton University Press.

13 Trump's interest-rate crusade will be self-defeating. (2025, August 28). The Economist. https://www.economist.com/finance-and-economics/2025/08/28/trumps-interest-rate-crusade-will-be-self-defeating

14 Buchholz, T. G. (2007). New Ideas from Dead Economists: An Introduction to Modern Economic Thought. New York: Plume. 75-79.

15 Costinot, A., & Donaldson, D. (2012). Ricardo's theory of comparative advantage: old idea, new evidence. American Economic Review, 102(3), 453-458. https://doi.org/10.1257/aer.102.3.453

16 Autor, D. H., Dorn, D., & Hanson, G. H. (2013). The China syndrome: Local labor market effects of import competition in the United States. American Economic Review, 103(6), 2121-2168. https://doi.org/10.1257/aer.103.6.2121

17 프레드 P. 혹버그. (2020). 《무역의 힘》. 최지희 역. 어크로스. p.124.

18 로버트 라이트하이저. (2024). 《자유무역이라는 환상》. 이현정 역. 마르코폴로. pp.52-53.

19 Amiti, M., Redding, S. J., & Weinstein, D. E. (2019). The impact of the 2018 tariffs on prices and welfare. Journal of Economic Perspectives, 33(4), 187-210.

https://doi.org/10.1257/jep.33.4.187

20 Greer, J. (2025, August 7). Trump's trade representative: Why we remade the global order. The New York Times. https://www.nytimes.com/2025/08/07/opinion/trump-trade-tariffs.html

21 Jones, C. (Host). (2025, September 19). The ugly truth about Trump's 'beautiful tariffs'. With Martha Gimbel [Audio podcast episode]. In The Economic Show. Financial Times. https://www.ft.com/content/0c9a7bbe-120f-4120-8a24-a6d6f73d2712

글로벌 시대의 경제 문해력 수업
에브리웨어 경제학

2025년 12월 2일 초판 1쇄 발행

지은이 김경곤

펴낸이 김은경
편집 권정희, 한지원, 한혜인
교정교열 최진
마케팅 김사룡, 김예은
디자인 황주미
경영지원 이연정
펴낸곳 ㈜북스톤
주소 서울시 성동구 왕십리로6길 4-5 2층
대표전화 02-6463-7000
팩스 02-6499-1706
이메일 info@book-stone.co.kr
출판등록 2015년 1월 2일 제 2018-000078호

ⓒ 김경곤
(저작권자와 맺은 특약에 따라 검인을 생략합니다)

ISBN 979-11-7523-019-4 (03320)

· 이 책은 저작권법에 따라 보호받는 저작물이므로 무단전재와 무단복제를 금지하며, 이 책 내용의 전부 또는 일부를 이용하려면 반드시 저작권자와 북스톤의 서면동의를 받아야 합니다.
· 책값은 뒤표지에 있습니다.
· 잘못된 책은 구입처에서 바꿔드립니다.

북스톤은 세상에 오래 남는 책을 만들고자 합니다. 이에 동참을 원하는 독자 여러분의 아이디어와 원고를 기다리고 있습니다. 책으로 엮기를 원하는 기획이나 원고가 있으신 분은 연락처와 함께 이메일 info@book-stone.co.kr로 보내주세요. 돌에 새기듯, 오래 남는 지혜를 전하는 데 힘쓰겠습니다.